入門 歴史時代の考古学

近江俊秀

同成社

目　　次

序章　歴史時代の考古学を学ぶ前に……………… 3

1. 歴史時代とは　3
2. 歴史考古学　4
3. 歴史時代の考古学　6
4. 文献史料は万能に非ず　7
5. 文献史学との向き合い方　9
6. 本書の構成　11

第1章　飛鳥時代の仏教と寺院造営
―考古学の成果により膨らむ歴史像―……………… 15

1. 古代国家と仏教　15
2. 考古学による古代寺院へのアプローチ　18
3. 寺づくりの始まりと瓦　25
4. 仏教の拡散　38

コラム　奇妙な瓦　45

第2章　白村江の敗戦と古代山城
―歴史時代の考古学の落とし穴―……………… 51

1. 『日本書紀』の記載から膨らむイメージ　51
2. 古代山城をめぐる問題　53
3. 考古学から古代山城をみる　62
4. 古代山城の性格を考える　66
5. 考古学からみた天智朝の国防政策　74

コラム　災害と考古学　76

第3章　中央集権国家と地方官衙
―地方社会からのアプローチ― ……………… 81

1. 中央集権体制への歩み　81
2. 出土文字史料からのアプローチ　84
3. 地方支配システムと地方官衙　87
4. 地方官衙の成立　98
5. 律令制の整備と地方官衙　104
6. 律令制における地方の姿　109
　コラム　遺物からみた中央集権体制の成立と展開　119

第4章　古代宮都の展開
―遺跡と文献史料双方からの分析― ………… 125

1. 宮の造営　125
2. 藤原京の造営　132
3. 平城遷都　137
4. 宮都と交通路　142
　コラム　古代の祭祀　148

第5章　律令制度の瓦解と地域の時代へ
―遺跡にみる社会の変化― ……………………… 155

1. 律令国家の変質と崩壊　155
2. 律令制の崩壊と遺跡　160
3. 新たな時代への萌芽　164
4. 遺物にみる古代から中世への動き　172
5. 中世考古学へ向けて　175
　コラム　変動する日本の領域　176

終章　二兎を追って二兎を得る ……………………… 183

付　録
1. 主な文字史料と利用の留意点　185
2. 主要参考文献　197
3. 律令国家の行政区画（五畿七道）　201
4. 関連年表　202

入門 歴史時代の考古学

序章　歴史時代の考古学を学ぶ前に

1. 歴史時代とは

　考古学の時代区分法のひとつに、文字の有無や普及の程度により、先史時代、原史時代、歴史（有史）時代の3段階に分ける方法がある。先史時代とは文字がない時代または、文字があっても現代にほとんど伝わらない時代のことを指し、原史時代は神話や伝承などは伝わるものの文字史料そのものが断片的であり、歴史を復元するに必要な文字史料に恵まれない時代を指す。そして歴史時代とは、文字史料が豊富にある時代とされる。

　文字は人間が何らかの意思を伝達するために発明した記号であり、インカ帝国のように高度な文明をもちながら文字をもたない社会もあるものの、その発明と普及は文明化の象徴のひとつである。そうした点でこの時代区分はそれなりの意味がある。また、文字があれば、歴史研究において文字史料からのアプローチが可能となるが、文字がなければ人間が意識的あるいは無意識のうちに残したさまざまな痕跡からアプローチするしかない。つまり、この3段階の時代区分は人間の文明化への歩みと歴史学の研究方法の双方を意識した時代区分法なのである。

　では、これを日本に当てはめるとどうなるだろうか。5世紀には、倭の五王（中国の史書にみえる讃・珍・済・興・武）が中国外交を行い、478年には倭王武が宋の順帝に上表文（君主に送った文書）を奉っていることから、この時期には少なくとも為政者層は

文字を使用していたことがわかる。またそのことは稲荷山古墳(埼玉県行田市)や江田船山古墳(熊本県和水町)から「獲加多支鹵大王」(倭王武＝雄略天皇)の名などを記した鉄剣が出土していることからも裏付けられる。つまり、文字の普及という観点からは5世紀を歴史時代のはじまりとする見方も可能である。

しかし一般には、先史時代は旧石器時代から弥生時代、原史時代は古墳時代、歴史時代とは飛鳥時代以降とされている。したがって、本書が対象とする時代は、飛鳥時代以降となる。

飛鳥時代とは推古天皇が推古元年(592)に豊浦宮で即位したことに政治や社会、文化的な画期を求める時代区分である。

①天皇の宮が、それ以後ほぼ飛鳥とその周辺に固定されること。

②遣隋使、遣唐使に象徴される外交が活発化すること。

③中央集権体制へ向けての諸制度が段階的に整備されること。

④古墳時代の象徴である大型前方後円墳が造られなくなること。

などが時代の特徴としてあげられる。文字史料の質と量という点では、『日本書紀』(以下『書紀』と略記)の記述内容が推古紀から具体性を増していると評価されていることや、法隆寺金堂薬師如来像光背銘に代表される金石文が増加すると指摘されるが、そのことよりも先の4点に時代の大きな画期を見出せるのである。

そうした意味では、飛鳥時代を歴史時代のはじまりとするのは、文字の普及の程度による時代区分の考え方に厳密にもとづくものではなく、宮の固定化や外交の活発化、前方後円墳の終焉などの社会的・政治的動向に着目した時代区分ということになる。

2. 歴史考古学

歴史考古学という研究分野がある。この用語を最初に用いたのは、考古学者、後藤守一である。後藤は「歴史考古学の名はやや奇

異に感ぜられるであらうが、歴史時代の考古学、即ち飛鳥・奈良時代以降の考古学の謂(いい)であり、先史時代の考古学とか、原始時代の考古学などに對するもの」と述べている（後藤 1937）。こうした見解が示された背後には、考古学は文字のない時代のみを対象とするのではなく、たとえ豊富な文字史料が存在したとしても、モノの分析を行うことによって多くの史実を知ることができるという、考古学に対する自負がみえる。

その一方で後藤は、考古学は政治史・経済史の縄張りに入るべきではないと戒めてもいる。つまり、文献史学の研究と考古学の研究とでは、取り扱う史料の性質の違いからして研究テーマの棲み分けが必要だと主張したのである。

しかし、後藤が述べた歴史時代の考古学＝歴史考古学という考え方は、しだいに改められていく。1959年に京都大学の水野清一、小林行雄が編纂した『図解考古学辞典』では、歴史考古学は次のように説明されている（水野・小林 1959）。

　　考古学を、その対象とする時代によって、先史考古学と歴史考古学にわけることは、ふつうに行われている。このばあいの歴史考古学は、歴史時代の文化を研究対象とする考古学と定義しうる。しかし、歴史時代の考古学研究といっても、たとえば奈良時代の竪穴住居址を発掘して土師器をとりだしたような場合には、方法論的には先史考古学となんら相違するところをみない。ところが、おなじ時代の墓誌を伴う墓を研究対象としたばあいには、史書の記載との異同を検討するなど、きわめて文献史学的な研究が可能になる。歴史考古学を先史考古学と区別する必要性がみとめられた根底には、この文献の利用という特色が大きく作用していると考えられる。（中略）むしろ歴史考古学は、先史考古学とおなじ次元における考古学的研究方法と、歴史学としてのより高次な段階における文献史学との総合的研

究とを必要とする考古学とみるべきであろう。(下線は筆者)

単純にいえば、歴史考古学とは単に飛鳥時代以降の考古学のことを指すのではなく、遺跡から得られる情報と文字から得られる情報とを総合的に検討し、歴史や文化を復元する学問分野ということになる。また、2007年に刊行された『歴史考古学辞典』の序文には、

歴史考古学は、学問方法を異にする歴史学・考古学等の協業にもとづく「学」であり、けっして考古学の一分野でもなく、また歴史学に考古学が従属するというものでもない。

とある(小野ほか 2007)。つまり、歴史考古学は、後藤が主張したような考古学と文献史学の分業から、協業へと変化したのである。

もちろん、学問方法を異にする研究分野を一人の研究者が双方の特性を活かして研究を進めることは容易ではない。よって、現実的には、考古学、文献史学の研究者が互いに取り扱う史料の特性や研究方法を理解しながらそれぞれの得意とする分野の方法を用いて研究し、その成果をもち寄って学際的な研究を行うことによって、はじめて歴史考古学なる「学」が成り立ちうるのである。

3. 歴史時代の考古学

現在、歴史時代の考古学を専門とする研究者には、文献史料そのものやその研究成果を採り入れながら遺跡や遺構・遺物の解釈をまとめあげていくという立場と、文献史学とはいったん距離を置き、考古学的な方法による研究を進め、その成果がまとまった段階で文献史学の成果と対峙させるという立場の2通りがある。この点は研究者としての姿勢の違いであり、いずれが正しいかを論じるべきものではない。しかし、いずれのスタンスであっても、文献史料が存在する時代における考古学を行う限り、文献史学の成果と正しく向き合う姿勢が大事であり、文献史料の安易な利用や誤った利用は避

けなければならない。ましてや、双方の成果をつまみ食いし、安易なストーリーを作り上げることは厳に慎まなければならない。そのために、考古学の研究者が行うべきことは、歴史考古学の実践を意識して「歴史時代の考古学」を正しく行うことなのである。

　先述したように、飛鳥時代以降になると文献史料から相当程度、歴史を復元できる。文献史料は解読さえできれば、記した人の意思をある程度、読み解くことができる。また、『書紀』に代表される史書は、出来事を年代順に記す編年体をとっているため、歴史の流れを把握しやすく、たとえば乙巳の変のような重大事件であれば、その原因から結果に至るまでを、まるで物語を読むかのような感覚で捉えることができる。さらに、歴史を彩る人物の名前や業績が記されているため一般にも親しみやすく、歴史を体系的に捉えるためには、それ以前の時代よりも有利な条件を備えている。

4. 文献史料は万能に非ず

　しかし、文字に記された情報とは、人間が何かを伝えようとする意図で記された限られた情報であり、当時の暮らしぶりなど日常の当たり前のことが記されるのは希である。つまり、文献史料に記された歴史とは、「選択された情報」であり、「長い歴史の中で偶然、残った情報」なのである。

　また、記された内容が必ずしも正確とは限らない。そこには意図的な誇張や修飾が少なからずある。たとえば、藤原広嗣（天平12年〈740〉九州で謀反を起こした罪で刑死）や藤原仲麻呂（天平宝字8年〈764〉政争の結果琵琶湖畔で敗死）のように、謀反を起こした人物はすべからく「幼い頃から凶暴であった」といった具合に極悪人扱いされている。こうしたことに象徴されるように記録とは、それを記した側の立場を正当化するために、一方的で偏った記

述や評価がなされている場合もあるし、執筆者の誤解などもありうる。そして、古代は文字を扱う人が限られていたため、どうしても書かれた内容も為政者側の視点に偏って記される傾向が強い。つまり、記した側の視点からみた恣意的で偏った情報が含まれているのである。

　さらに、『書紀』や『続日本紀』（以下『続紀』と略記）などは、オリジナルは残っておらず、何種類かの写本があり、それぞれに書き写されたときの誤字・脱字・誤記や、意図的な改変がなされていることもある。文献史料は、こうした問題を抱えているので、それを扱う場合には、常に他の史料を含めた検討を行うなどの史料批判がなされる。

　それに対し、考古資料はその場で起こった出来事や人々の日常の暮らしぶりなど、じつに多種多様な情報をもっているが、それらの情報の多くは人々の行動の結果、無意識のうちにかたちづくられたものであるため、それを読み解き歴史を復元するのは容易ではない。そのため、多くの考古資料を蓄積し、分析することにより、そこから人間の行動に関する何らかの法則を見つけ出して歴史を復元していくという方法をとる。

　このように、文献史学と考古学とでは、扱う史料も扱い方も大きく異なる。あまりよい例えとはいえないが、文献史料とは事件の取り調べ調書、考古資料とは物証にも似ている。複数の証言にもとづく調書は重要な証拠になり、複数の物証も同様の意味をもつ。もちろん、証言と物証とが出そろっていれば、動かぬ証拠となる。しかし、証言のみを重視し物証を軽んじてしまうと、過ちを犯してしまうことがある。また、物証に対する検討を十分に行わずに証言に合うように物証を都合よく解釈してしまうという事態も起こりうる。

5. 文献史学との向き合い方

「歴史時代の考古学」を行うにあたっては、文字史料とどう向き合うかが重要となる。方法論が異なる他分野の研究成果を採り入れることは容易ではないが、少なくとも文字史料から直接、読み取れることと、そこから展開する解釈論とは明確に区分して扱う必要がある。

たとえば、「条里」と呼ばれる耕地を一辺109m四角に区画した地割りがある。こうした地割りは、全国各地で認められていることから国家政策により実施されたものと考えられているが、いつ頃何の目的で実施されたかに関する直接的な記録がないため、条里制の施行時期については論争がある。その学説のひとつに、大化2年（646）の改新の詔に「班田収授之法を造れ」とあることを根拠に、開始時期を7世紀中頃に求める見方がかつてあった。

この説は、改新の詔そのものが『書紀』編纂時に大幅に潤色されていることが明らかになったため、今ではそうした立場をとる研究者は少数派である。しかし、仮に改新の詔が事実を伝えていたとしても、改新の詔を条里制の開始に結びつける考え方は、史実ではなく史料解釈にすぎないということを理解しておく必要がある。そのことを少し詳しく述べよう。この説の骨格となっているのは、

A. 「班田収授之法を造れ」という記事が『書紀』にあること。
B. 条里地割りに則った地番呼称である条−坪−里という表現は、天平15年（743）の『弘福寺田数帳』（川原寺の土地台帳）にみえることや、和銅3年（710）に遷都された平城京の町割りの痕跡は条里地割りに破壊されず明瞭に残っていることなどから、それ以前の成立の可能性があること。
C. 土地を均等に区画することより、口分田（民に支給された農

地)の把握が容易になり、班給がスムースになると考えられること。

という3点である。AとBは文献の記載や歴史地理学的考察によるものであるが両者は本来、直接つながるものではない。そして、Cは解釈である。

この3点は、次のような論理でつながっていく。
①Bは条里制が存在したことを示すものであるので、開始はこれよりさかのぼる。
②条里制は土地に係る制度であり、かつ全国的な規模で施行されているので文献史料に現れる何らかの土地政策の実施に伴い導入された可能性が高い。
③奈良時代以前の土地政策には大宝律令(大宝元年〈701〉)など律令の整備があげられるが、土地に係る最も古い政策の記述は、改新の詔の班田収授之法である。

こうした論理展開によってAとBが接点をもち、そこにCという解釈が加わることによって、はじめて条里制7世紀中頃開始説となるのである。もちろん、この説の根幹となっているのは、実際に条里制が施行されていたことを示すBの部分であり、発掘調査により条里制の施行時期に関する事実が蓄積されたことにより、条里制開始を7世紀中頃に求める見方そのものが成り立ち難くなったという側面がある。それは正しい研究の在り方といえるが、ただ、ここで述べたいことは、他分野の研究成果でも学説が示されるに至るまでの検討過程を分析し、根拠とした事実と解釈の部分を明確に区分してとらえることにより、学説の検証のために考古学からどのようなアプローチが有効であるか、がみえてくるということである。文字史料に恵まれた歴史時代の考古学では、文献史学の研究成果を単純に引用するのではなく、論の成り立ちをしっかりと見極めるという姿勢が重要なのである。

6. 本書の構成

 歴史時代の考古学といっても、考古学の方法論自体が他の時代と異なるものではない。ただ、繰り返しになるが文字史料と上手くつきあうことができるかということが、この時代の考古学に求められる最も大きな課題である。また古墳時代までは考古学の成果をもとに歴史を叙述するが、飛鳥時代以降は文献史料により歴史の流れが把握できるので、考古学の成果はそれを補完するにとどまっている場合が多い。

 よって本書でも考古学の成果から、歴史時代を語るという方法はとらず、「歴史時代の考古学」の現状を踏まえて、飛鳥時代から平安時代の教科書でも記されている出来事のうち5つの題材を選び、それに関する考古学の研究史も踏まえながら、文字史料といかに向きあっていくべきか、について述べることとする。

 題材に選んだのは次の5つである。
 ①飛鳥時代の仏教と寺院造営
 ②白村江の敗戦と国防政策
 ③中央集権国家と地方官衙（かんが）
 ④古代宮都の展開
 ⑤律令制度の瓦解と地域の時代へ

 歴史時代といっても飛鳥・奈良時代の文献史料は限られており、またその記載の真偽をめぐる論争もあるなど、必ずしも文献史料のみで歴史を語ることはできない。しかし、考古学の成果を加えることにより、文字には記されなかった歴史が浮かび上がることがある。①はその具体例として取りあげるものである。

 一方、文献史料から歴史の流れを具体的にイメージしやすいために、それに引きずられて遺跡を解釈してしまうということもある。

②は、そうした話である。

　飛鳥・奈良時代の文献史料の多くは、為政者側の視点で記された、あるいは当時の制度に則って記されたものが大半である。そのため残されている情報は一方的なものであるといえる。当然のことながら、歴史学の研究は多角的であるべきであり、そうした検討を行うためには考古学的な方法により導き出される情報が不可欠である。③は文献史料が乏しい地方からの視点による検討において考古学が果たしている役割について述べる。

　史料の中には、どのように解釈するか見解が分かれるものもある。『書紀』には、同様の記事が重複して出てくる場合や、具体性に乏しくわかりにくい記述が多々ある。そうした記述を考古学の成果を踏まえて読むと、記事の意味するところを理解できる場合がある。つまり、考古学の成果と文献史学の研究との協業によって、さまざまな歴史がよみがえってくるのである。④はその具体例として取りあげる。

　本文で詳しく述べるが、古代の日本は中央集権をめざし、実現させた。そして、中央集権体制を支えたのは、徹底した文書行政であり、古代国家を知る上でも、これらの文書群が重要な意味をもっている。しかし、逆に中央集権体制が崩壊し、社会が多様化していく過程は、中央に残された文献史料のみでは十分に把握できない。多様化する社会の姿は、むしろ中央集権体制のもと、その運営のために全国各地に造られた諸施設の解体や変質、新たな施設の出現などにより、具体的に把握できるのである。

　なお、本来、歴史時代の考古学とする場合には、近現代まで視野に入れた論述が必要になるが、それは到底、筆者の力の及ぶ範囲ではない。そのため、本書では平安時代までを対象とする。また、この時代は日本が中央集権国家をめざし、それが完成し、そして解体するまでの時代ということになり、必然的に「中央集権国家」が本

書のキーワードとなる。

註
（1） 以下、本書では文字が書かれた史料すべてを指す場合は文字史料、文字史料の中から墨書土器などに記された文意をもたない文字の断片を除く場合は文献史料と標記する。また、紙、木、石といった媒体の素材は問わない。
（2） 「天皇」号の使用が確認される最古の文字史料は飛鳥池工房遺跡出土の丁丑年（677）の木簡であり、それ以前は大王と表記するのが適当であるが、本書では便宜的にそれ以前についても天皇と記す。

第1章　飛鳥時代の仏教と寺院造営
―考古学の成果により膨らむ歴史像―

1. 古代国家と仏教

鎮護国家の教え

　天平13年（741）3月。聖武天皇は恭仁宮で諸国に国分寺と国分尼寺を造営するよう命じた。教科書にも載せられているこの有名な詔は、聖武天皇の仏教への想いがよく表れている。聖武天皇は「仏教の教えが大空・大地とともにいつも盛んに続き、仏のご加護が現世でも来世でも常に満ちることを願う」と述べ、仏教こそがこの国に生きるすべての生命に繁栄をもたらすものであると信じた。こうした仏教への強烈な想いが、後の大仏建立の詔（天平15年）にもつながっていく。

　聖武天皇は、仏教により国を護るという「鎮護国家」の思想を強くもっており、その後を継いだ娘の孝謙（称徳）天皇も父の事業を継承するとともに、自らも西大寺（天平神護元年〈767〉発願）、や西隆寺（神護景雲元年〈767〉発願）などを建立した。このように奈良時代における仏教信仰は、国家的な事業として進められ、当時の社会にも多くの影響を与えた。

　しかし、異国で生まれた宗教である仏教が公伝したとき、その受容をめぐって有力豪族を二分する政争が巻き起こったことがよく知られているように、仏教を国を挙げて信仰するに至るまでには紆余曲折があった。『書紀』にはその間の経過が詳しく記されているが、仏教信仰が広がっていく様子については、「天皇が仏教の興隆を望

んで豪族がそれを受け入れた」という漠然とした書きぶりに留まっており具体的にはよくわからない。それが考古学の成果を取り入れることにより、はっきりとみえてくるのである。ここでは文献史学と考古学の協業によりみえてくる歴史の具体像について、飛鳥時代の仏教を題材に紹介することとする。

仏教公伝と天皇の立場

　日本の仏教公伝は『書紀』では欽明 13 年（552）とあるが、『元興寺縁起』や『上宮 聖 徳法王帝説』では欽明天皇の御代の戊午年（538）とあり、未だ結論をみない。単純に考えると、正史であり編纂時期が古い『書紀』の記録が正しいと思われるだろうが、2 つの成り立ちが異なる史料が同じ年を仏教公伝としていることは無視できない。また、編纂時期が新しいものであっても、『書紀』よりも古く、信頼性の高い史料を編纂にあたり引用することもありうるので、編纂時期の新旧のみで結論を出すことはできない。第一次史料（その当時の生の史料、同時代史料）がほぼ皆無である飛鳥時代以前の出来事の中には、『書紀』よりも後の編纂物に史実が記されていることもある。

　冒頭から余談になってしまったが、古代の日本において仏教とは、単なる一宗教という意味以上のものがあったと考えられた。仏教伝来当時、東アジアの国々は仏教を信仰していた。わかりやすくいえば、今のキリスト教圏、イスラム教圏といったように、複数の国が宗教を共有することにより、国際社会を形成していたのである。つまり、仏教を受容するか否かという選択は、東アジア社会の一員となるか、あるいはそれとは一定の距離を置くかという重大な外交問題につながっていた可能性がある。そうした事情もあって仏教をめぐる、蘇我氏、物部氏の二大勢力の衝突が起こったという見方が示されているのである。

敏達天皇は、仏教に対して傍観の姿勢をとった。神祇祭祀を行う立場でもあった天皇としては、異国の神をただちに公認するわけにもいかず、かといって国際情勢を鑑みるに排斥するわけにもいかない。そして、何よりも当時の天皇は諸豪族に推戴されることにより、その地位にあったので、異国の宗教を「受け入れよ」とも「受け入れるな」とも豪族に命じることはできなかったと考えられている。そのため天皇は、自らは中立の立場をとりながらも、崇仏派の蘇我稲目のみに仏教信仰を認めることにした。その後、用明2年（587）に蘇我馬子らが物部守屋を滅ぼすことにより、仏教をめぐる抗争は終わり、日本最初の本格的な寺院である飛鳥寺の造営に至る。そして、推古天皇が仏教を公認しその信仰を推奨すると、豪族たちはこぞって寺院を造営したというのである。

このように『書紀』は、仏教伝来にまつわるさまざまな出来事を、蘇我氏、物部氏、厩戸王、推古天皇という歴史上、著名な人物の動向をからめながらも、ひとつの物語であるかのように見事に描いている。

仏教信仰の広がり

推古天皇により公認された仏教は、その後の『書紀』の記述の中でも次第に信仰が拡大していくさまが読み取れる。推古11年（603）11月には厩戸王が秦河勝に仏像を与え、それを祀るために河勝が蜂岡寺を造ったという話があり、推古32年（624）9月には諸国の寺の数が46、僧816人、尼569人がいたと記されている。さらに、舒明11年（639）には天皇の発願による最初の寺である百済大寺（奈良県桜井市吉備池廃寺跡か）の造営がなされ、天武天皇による高市大寺、薬師寺の建立や諸国に対する仏教信仰と造寺の推奨（天武14年、詳しくは後述）を経て、聖武天皇による国分寺、国分尼寺建立の詔と大仏の建立の詔へとつながっていく。

このように仏教は、古代日本において重要な意味をもっていた。そして、こうした仏教信仰の広がりは、仏教信仰の場である寺院の広がりというかたちで、考古学の対象となる遺跡・遺物からもうかがい知ることができる。ちなみに、飛鳥時代になると前方後円墳が姿を消し、古墳そのものが小型化する傾向が認められるが、そのことについて大型古墳の造営力が寺づくりに向けられたと説明されることがある。しかし、巨大な前方後円墳の築造は6世紀後半にほぼ終了するのに対し、全国各地で寺づくりが活発化するのは7世紀後半であることから両者を直接、結びつけることはできない。

　また、5世紀末から7世紀初頭の古墳の中には、八幡観音塚古墳（群馬県高崎市）や金鈴塚古墳（千葉県木更津市）のように仏具の一種と考えられる銅鋺(どうわん・かなまり)が出土する事例が東日本を中心に広く認められる。これらが、仏教信仰が行われていたことを示すものか、珍しい舶載品として副葬されただけなのかは定かでないが、少なくとも仏具が権力者がもつにふさわしい豪華な品として扱われていたのは確かだろう。仏教の広がりは大陸由来の新しい技術や芸術・文化の拡散という側面をもっていた。教科書にも記されている白鳳文化、天平文化はともに仏教由来のものであり、豪族からしてみれば、仏教を受容すること、そして寺院を建立するということは最先端の技術、文化を手に入れることでもあったのである。

2. 考古学による古代寺院へのアプローチ

寺院建立と寺伝

　『書紀』にはいくつかの寺院の創建に関わる話が載せられている。ただし、推古32（624）年時点で46あったとされる寺院のうち、それまでに『書紀』に名前がみえる寺院は、継体16年（522）に渡来人の司馬達等(しばたっと)が仏像を安置したとされる阪田の草堂や敏達6年

(577)の大別王の寺、同13年の石川宅、同14年の大野丘北塔など、飛鳥寺造営以前にその名がみえる寺院と呼べるか曖昧なものを含めても8寺（飛鳥寺・豊浦寺［向原家・桜井寺］・四天王寺・斑鳩寺・蜂岡寺）にとどまっている。また、先に紹介した『上宮聖徳法王帝説』では「太子七つの寺を起つ」とあり、四天王寺、法隆寺、中宮寺、橘寺、蜂岡寺、池後寺、葛木寺の名をあげている。これが事実だとすると、中宮寺、橘寺、池後寺、葛木寺が46寺に含まれることになる。ただこれでも、46寺には遠く及ばない。

しかし、鎌倉時代以降の史料や現存する寺院の寺伝を加えると、今度は著しく数が増加してしまう。延応元年（1239）頃に編纂された『聖徳太子伝私記』によると太子創建寺院だけでも46となっている。その後も聖徳太子信仰の広がりとともに、いつの間にか太子創建伝説をもつ寺院の数も増殖し、現在では300カ寺を超えてしまっている（石田編 1997）。寺院に限らず宗教施設は、より立派な由緒を求めるがゆえにいつの間にか、その由来を、歴史上の著名人と結びつけてしまう場合が多い。そうしたことからも、二次史料（一次史料などをもとにして後から作成された編纂物など）の扱いは慎重でなければならない。

それはさておき、寺づくりがどのように広がったのかということを明らかにするためには、考古学からのアプローチが必要となる。そして、こうしたアプローチはじつは早くから進められ、文献史料も意識した研究がなされてきた。次に、考古学による寺院研究の学史を紹介し、研究の目的と方法、課題について紹介する。

石田茂作の寺院研究

古代寺院研究に考古学的な方法をはじめて採り入れたのは、建築史学者関野貞である。関野は、現存する建物だけでなく、史料や礎石・瓦などの考古資料も用いて総合的な寺院研究を行った。その

中で、瓦の文様に時期の違いを認め、そこから寺院の創建時期を明らかにすることを試み、一定の成功を収めた（関野 1940）。そうした関野の業績を受け、全国的な視野で古代寺院の研究を行ったのが石田茂作である。石田の研究は、考古学による寺院研究の方向性を示した（石田茂 1944）。しかし、石田の研究成果は後の考古学による寺院研究に良い影響も悪い影響も残すことになった。そのことも含めて紹介しよう。

　石田が最初に問題としたのは、飛鳥時代創建の寺院を明らかにすることであった。石田はその第一段階として文献史料の記載に着目した。ちなみに石田が大著『飛鳥時代寺院址の研究』を公刊したのは1941 年。『書紀』の記載を疑うという研究姿勢は、まだ確立していない時期である。

　『書紀』に名が記されている飛鳥時代前半の寺院は 13 カ寺。石田はさらに天平 19 年（747）に僧綱所（僧尼や寺院などを管理する僧による役所）の命により提出された『法隆寺伽藍縁起 并 流記資財帳』と『大安寺伽藍縁起并流記資財帳』にみえる 6 カ寺を加え 19 カ寺を飛鳥時代に確実に創建された寺院とみた。また、石田は『聖徳太子伝私記』にみえる寺院の検証を行うも、文献史料からは 19 カ寺以上の抽出は無理であるとし、そこから先の検討素材として瓦を取りあげた。

　瓦については、すでに関野によって素弁から単弁、そして複弁へと文様が変化することが示されていたが（図 1）、石田は先の 19 カ寺から出土する瓦の中で共通性の高いものを抽出し、検討を加えることによって 7 種類の飛鳥時代前半の標準的な瓦を示した。石田の方法はきわめてシンプルである。飛鳥時代前半創建とされる寺院の瓦を集め、文様の共通性が認められないものを検討対象から除外し、そこからさらに飛鳥時代後半以降の寺院から出土するものと同様のものを差し引けば、必然的に飛鳥時代前半の瓦のみが残ると考

えたのである。また、石田は主要伽藍の配置も検討し、四天王寺式や法隆寺式、法起寺式が飛鳥時代の伽藍配置の候補になるとした（図2）。そして、全国で49の飛鳥時代前半創建の寺院を抽出したのである（表1）。

石田が行ったように瓦の文様と伽藍配置に注目し、その共通性や類似性から仏教の伝播や寺院建立の政治的意図、造営氏族間の関係を見出そうという研究方法は、その後、発展的に継承され現在は考古学による寺院研究の方法の主流となっている。しかし、石田が行った分析や結論は、重大な問題をはらんでおり、そのことが後々まで寺院研究における負の遺産として、深く根付いてしまった。

石田は『書紀』の記述を全面的に肯定した上で、仏教は飛鳥や斑鳩から全国に拡散したという前提に立ち個々の寺院を理解しようとした。この理解そのものは必ずしも誤りとはいえない。ただ、石田に欠けていたのは、『書紀』はあくまでも為政者の視点により編纂されたものであり、そこに記されなかった膨大な史実があるという認識である。そのため、渡来人により朝鮮半島からそれぞれの地域へ直接、寺づくりの技術が伝えら

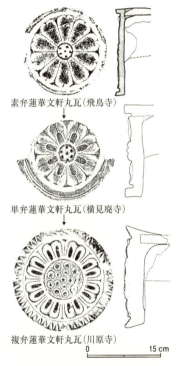

素弁蓮華文軒丸瓦（飛鳥寺）

単弁蓮華文軒丸瓦（横見廃寺）

複弁蓮華文軒丸瓦（川原寺）

図1 瓦の文様の変遷
通常、軒丸瓦の文様は蓮の花をモチーフにしており、真ん中に蓮の花托を表現した中房があり、その周囲に花弁を表している。この蓮華文は瓦だけでなく、仏像の台座などにも用いられている。

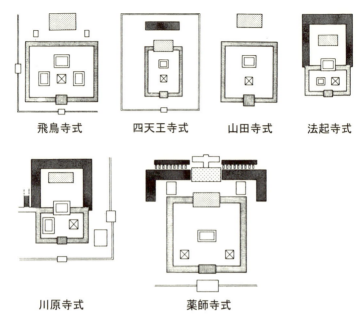

図2 古代寺院の伽藍配置（上原 1986 をもとに作成）
古代寺院の中心伽藍は、金堂・塔・講堂からなる。これらは仏教でいう三宝、すなわち金堂は仏、塔は法（塔は仏舎利を納めるもので、舎利は釈迦の教え「法」の象徴である）、講堂は僧を示しており、伽藍配置は仏教思想とも深く結びついている。また、回廊は仏が住む清らかな聖域と人間界とを分ける意味をもっている。

れる場合があることや、それぞれの地域に伝わった技術がその地域を起点に二次的に周辺地域に拡散する場合があることを想定した形跡がみられないのである。つまり、瓦や伽藍配置にはそれぞれの寺院の創建の経緯や地域性などに由来するさまざまな個性があるという視点が欠落していたのである。

学史を見直す

石田がとった研究方法は、考古学が最も得意とする型式学的な方法によるものであった。石田は瓦の文様に「型＝けいしき」を見出

表1 石田が抽出した飛鳥時代創建の49カ寺

No.	寺名	所在地	文献	No.	寺名	所在地	文献
1	飛鳥寺	奈良県明日香村	○	26	豊田廃寺	奈良県天理市	
2	豊浦寺	奈良県明日香村	○	27	桙削寺	奈良県高取町？	
3	奥山久米寺 (奥山廃寺)	奈良県明日香村		28	葛城尼寺	未詳	○
4	坂田寺	奈良県明日香村	○	29	廣隆寺	京都府京都市	○
5	橘寺	奈良県明日香村	○	30	八坂寺	京都府京都市	
6	立部寺 (定林寺)	奈良県明日香村		31	白梅廃寺 (北野廃寺)	京都府京都市	
7	軽寺	奈良県橿原市		32	高麗寺	京都府木津川市	
8	大窪寺	奈良県橿原市		33	西琳寺	大阪府羽曳野市	
9	和田廃寺	奈良県橿原市	○	34	新堂廃寺	大阪府富田林市	
10	田中寺	奈良県橿原市		35	野中寺	大阪府藤井寺市	
11	石川精舎 (石川廃寺)	奈良県橿原市		36	衣縫廃寺	大阪府羽曳野市	
12	日向寺	奈良県橿原市		37	大縣寺 (大里寺)	大阪府柏原市	
13	法隆寺	奈良県斑鳩町	○	38	海會寺	大阪府泉南市	
14	中宮寺	奈良県斑鳩町	○	39	禅寂寺 (坂本寺)	大阪府和泉市	
15	法起寺	奈良県斑鳩町	○	40	池田寺	大阪府和泉市	
16	法輪寺	奈良県斑鳩町		41	上代観音寺 (信太寺)	大阪府和泉市	
17	熊凝寺 (額田寺)	奈良県大和郡山市		42	四天王寺	大阪府大阪市	○
18	平群寺 (平隆寺)	奈良県平群町		43	堂ヶ芝廃寺	大阪府大阪市	○
19	片岡寺	奈良県王寺町		44	猪名寺	兵庫県尼崎市	
20	西安寺	奈良県王寺町		45	三田廃寺	三重県伊賀市	
21	長林寺	奈良県河合町		46	秦原廃寺	岡山県総社市	
22	百済寺 (百済大寺)	奈良県桜井市？	○	47	湯之町廃寺	愛媛県松山市	
23	巨勢寺	奈良県御所市		48	法安寺	愛媛県松山市	
24	比曾寺	奈良県吉野町	○	49	法鏡寺	大分県宇佐市	
25	横井廃寺	奈良県奈良市					

ここにあげられている寺院についてもその後の調査・研究により見直しが図られている。たとえば豊田廃寺は瓦窯の可能性が高いことが指摘されており、和田廃寺は葛城尼寺である可能性がある。一方、石田が目安とした素弁蓮華文軒丸瓦の出土寺院は、その後、増加しつつあるので、今日的な視点による検証が必要となっている。○は「書紀」などの史料に記載がある寺院。

し、伽藍配置にも「けいしき」を見出した。それによって中央から地方へと寺院建築が拡散する姿を鮮やかに浮かび上がらせたのである。しかし、こうしたシンプルで説得力がある結論を導き出したことによって、石田が示した型がすべての寺院に当てはまるのではないかという考えが生まれた。そして、根拠が不十分なものまでいずれかの型にひき寄せて当てはめたり、また瓦の文様だけで時期を語ったりすることが長い間、定着することにもなった。

石田自身も多くの寺院においてその伽藍配置を見誤っている。石

田が研究を行った頃、伽藍配置の全貌が明らかになっている事例は限られており、多くの場合は礎石や基壇の痕跡がわずかに地表で観察できる程度であった。本来ならば、瓦の分布状況や地表にみえるわずかな起伏などにも注意し、伽藍配置の想定を行うべきであったのだが、仏教の拡散が一元的であったかのように記す『書紀』の記述が、石田に一律的な伽藍復元を強いてしまったのである。現在では、発掘調査により、古代寺院の伽藍配置はじつに多様であることが明らかになってきているが、石田の研究以降、十分な検証が行われていない寺院もまだ残されている（図3）。

　また、瓦についても同様のことがいえる。地方では素弁の瓦はすべて飛鳥時代前半、単弁は飛鳥時代中頃以降、複弁は天智朝以降という文様だけで時期を語る時代が石田の研究以降、比較的長く続いた。それによって、飛鳥時代建立とされる寺院数も増加したのであるが、一方で軒平瓦との組み合わせ関係など、他の出土遺物や遺構の年代との間に齟齬をきたす事例も増加した。極端な例をあげると、石田が飛鳥時代前半の創建とした田中廃寺（奈良県橿原市）の創建時の軒丸瓦は、石田自身が飛鳥時代後半のものとした単弁形式のものの笵（文様を彫った型）を彫り直して子葉を消したものであることが明らかになったため、田中廃寺の創建時期も7世紀後半に下ることが明らかになった（図4）。つまり、文様が素弁であるということは、必ずしも飛鳥時代前半に作られたことを示すのではなく、あくまでもその可能性があるという次元で取り扱うべきなのである。

　石田の研究は、考古学による寺院研究に対する関心を飛躍的に高めた。しかし、研究成果が多くの研究者に支持されたことが、その後の各地での検証を疎かにさせたという側面もある。優れた研究は、後の研究にも強い影響を及ぼすのは当然のことであるが、その研究が行われた頃の情報量や扱われた考古資料の内容などを、根拠

とされた考古資料まで立ち返って検証する必要がある。

3. 寺づくりの始まりと瓦

最初の寺づくり

現在までに確認されている寺院の中で、最も早くに七堂伽藍が整えられた寺院が飛鳥寺である。『書紀』によると飛鳥寺は用明2年（587）、蘇我馬子が発願したとある。飛鳥寺の建築はこれまでの日本にはない、まったく新しい様式のものであった。当時の日本の最上級の建築といえば、伊勢神宮などでみられる建築様式で、白木の掘立柱建物で草葺きや檜皮葺などの屋根であることを特徴とする。それに対し、寺院建築は朱塗りの柱をもつ瓦葺きの礎石建ち建物という見た目も

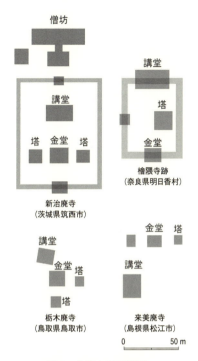

図3　多様な伽藍配置

多様な伽藍配置が認められる背景には寺院が立地する地形的な要因がある一方、中央で展開した仏教信仰とは異なる特殊な仏教信仰にその理由が求められるものもある。檜隈寺跡は、伽藍の中央に塔を置き、南に金堂、北に講堂をもつ他に例をみないものである。新治廃寺跡は金堂の両側に塔をもつ特殊な伽藍配置をとる。こうした建物が規則的に配置されながらも、類例のない伽藍配置をとる寺院は、寺院を造営した檀越や僧が独自に経典の解釈などを行い、それにもとづき諸堂の配置を決めた可能性がある。

建築技術もまったく違うものであった。このようなこれまで日本国内にない建築物を建てるために、崇峻2年に百済から僧のほかに寺

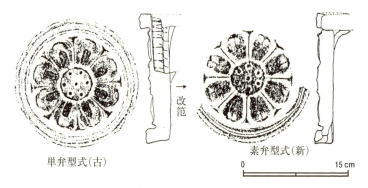

図4 田中廃寺の軒丸瓦
右の瓦と左の瓦とでは子葉(弁の上に重なって表されている小さな弁)の有無を除くと、文様構成はすべて同一である。また右の瓦の実物を細かく観察すると、かすかに子葉の痕跡がみえる。

工2名、鑪盤(仏塔の屋根上の相輪などの金属製部分)博士2名、瓦博士4名、画工2名が招聘された。こうした百済の工人が飛鳥寺の建立に携わったことは、発掘調査でも立証された(表2)。

飛鳥寺は中央に塔を置き、それを取り囲んで3つの金堂を建てるという特殊な伽藍配置であることがこのときの発掘調査で明らかになったが、東西両金堂の基壇は上下二段構成であり、庇の礎石のみが下段の基壇に置かれていた。基壇そのものが飛鳥寺建立に伴い新たに導入された技術であるが、こうした上下二段の基壇は飛鳥寺以外の7世紀前半の寺院には認められておらず、朝鮮半島に類例があることがわかった(図5)。また、創建時の瓦の文様も百済で出土するものと類似しており、これは『書紀』にみえる瓦博士4名を連想させた。

こうしたことから、『書紀』が伝える飛鳥寺建立に伴う百済からの技術導入が、遺構と遺物からも証明されたのである。一方、塔の地中深くに埋められた心礎の上から出土した舎利荘厳具は、馬具や短甲が含まれるなど後期古墳の副葬品と何ら変わらないことがわ

表2 飛鳥寺建立に携わった工人

百済系工人		日本の工人			
職 掌	名	職 掌	名	氏 族	系 統
鑪盤博士	将徳白昧淳	造営責任者	山東漢大費直麻高垢鬼	東漢氏	渡来系
寺工	丈羅未大		山東漢大費直意等加斯費直	東漢氏	渡来系
	文賈古子		意奴彌首辰星	忍海氏	渡来系
瓦博士	麻那文奴	金工および造営補助	阿沙都麻首未沙乃	朝妻氏	渡来系
	陽貴文		鞍部首加羅爾	鞍作氏	渡来系
	布陵貴		山西首都鬼	山西(西文氏)	渡来系
	昔麻帝彌				
画工	白加博士				
	陽古博士				

飛鳥寺の造営責任者には、渡来系氏族である東漢氏が充てられ、その下にやはり渡来系氏族である朝妻氏らが領有民を率いて工事にあたった。飛鳥寺の造営は百済人と渡来人によりなされたといえる。また、造営に要する経費は物部守屋の没収財産が充てられたとする説がある。

かった。つまり、日本最初の本格的な寺院である飛鳥寺には、渡来の技術と日本の古墳文化との融合がみられたのである。飛鳥寺の発掘調査は、『書紀』には記載されていない飛鳥寺の伽藍配置をはじめとする、はじめての寺づくりの実態を明らかにしたのである。

同笵瓦の論理

　飛鳥寺建立に伴いもたらされた建築技術は、藤原宮の建設以前は寺院のみに用いられていた。よって、飛鳥寺でみられたような寺院特有の建築技術の広がりは、寺院を建築できるだけの経済基盤をもつ豪族らが仏教を受容していくさまを示しているといってよい。そして、考古資料の中で寺づくりの広がりを把握しやすい遺物が瓦である。瓦も藤原宮以前は寺院のみに採用されたものであるので、少なくとも7世紀代の遺跡で瓦がまとまって出土する遺跡は、寺院跡か瓦窯跡ということになる。

　また、軒先を飾る軒瓦の文様のほとんどは笵と呼ばれる木型を用いてつけられているため、詳しく観察すると同じ笵で作られた瓦が

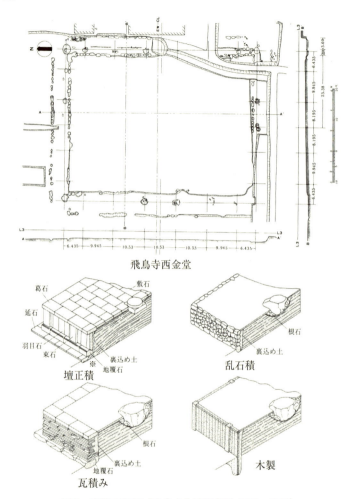

図5 寺院の基壇（奈良文化財研究所 1958・2003）

基壇の周囲には、崩壊防止や装飾のために、さまざまな素材による基壇化粧がなされている。その中で最も格式が高いのは凝灰岩や花崗岩の切石を用いた切石積み基壇で、主に大和や河内の寺院で認められる。地方寺院では河原石を積んだ乱石積み基壇が目立つ。また瓦積み基壇は渡来系氏族の寺院に目立つという傾向が指摘されている。このように、基壇の形態も寺院の格や造営氏族を表すことがある。

※切石積み基壇に延石・束石などを加えたもの。

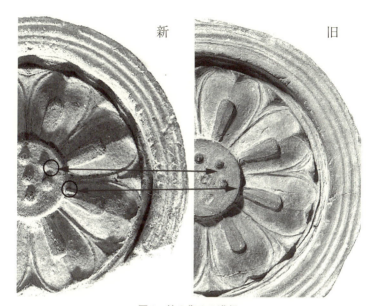

図6 笵の傷みの進行
笵の割れや欠けなどを笵キズという。笵に粘土を詰める時に、キズの部分にも粘土が入り込むため、製品には不自然な突出部として現れる。

わかる。これを同笵瓦（どうはんがわら）という。

　異なる寺院から同笵瓦が出土した場合は、以下の3通りが考えられる（上原 1997）。

　①A寺とB寺へ同じ瓦窯から供給された場合
　②A寺からB寺へ製品が持ち込まれた場合
　③A寺で使わなくなった笵をB寺へ持ち込み生産した場合

　さらに木型は使用を重ねるたびに摩滅したり、傷がついたりする。笵の傷みは製品にも反映されるので、そこに着目すれば、瓦が作られた順番がわかる。（図6）。

　そして①〜③の違いは、寺院とその供給窯からの出土瓦を比較検討することによって明らかになる。また、瓦という考古資料のもつ

属性は文様だけでなく製作技法や胎土などがあり、A寺とB寺から出土している瓦と技法や胎土、笵キズが共通する瓦がC瓦窯から出土している場合は、①であると考えられる。それに対し、C瓦窯から出土する瓦の中にB寺から出土している瓦と共通する特徴（技法、胎土、笵キズ）をもつものが認められない場合や、A寺から出土するものの特徴はC瓦窯と共通し、B寺から出土するものの特徴はD瓦窯の出土瓦と共通するという場合は③であると考えられる。さらに③の場合は、笵のみが移動する場合と、瓦工人と笵がともに移動する場合がある。前者の場合は、A寺とB寺の瓦の特徴に共通性が認められない場合が多いが、後者の場合は瓦の特徴のうち、製作技法は共通するが胎土、笵キズが異なる場合が多い。ただし、同じ瓦窯からの出土品でも、胎土や技法が異なることもあるので、結論を出すには出土瓦の組成を分析するなど慎重な検討が必要となる。

②の場合は瓦の特徴は①の場合と変わらないため、両者の区分は難しい。ただし古代寺院の中には、寺院の移築に伴い瓦をはじめとする建築部材そのものが、もとあった場所から新しい場所に移された場合がある。たとえばA寺の建物をB寺に移築した場合は、A寺からは移築された建物の屋根に葺かれた瓦のうち再利用に耐えられないもののみが出土することになり、B寺からは移築に伴い不足した分を補うために、違った文様の瓦が一定量、出土することになるなど、出土瓦全体の検討により、それと知られる場合がある。

さて、ここまで瓦の検討からどのようなことがわかるかということを述べてきたが、ここからは瓦をどう読むか、すなわち瓦の分析から得られた情報をどう評価するかについて述べる。

瓦を読む

たとえば、先の③の場合で考えてみよう。瓦工人が笵とともに移

動したことが確認できた場合は、次の2通りの評価ができる。

 a　A寺を造営した豪族がB寺の造営も行ったか、あるいはB寺の造営をする豪族に援助を行ったという造営主体の動向を示しているという見方。

 b　A寺の造営にあたった瓦工人が、その生産完了後、B寺の造営に参加しただけのことであり、あくまでも瓦工人の動きを示しているのみであるという見方。

aの見方をとれば、同笵瓦の分布は寺院造営の造営主体や造営した豪族間のつながりを示すという、寺づくりの広がりを考える上できわめて重要な意味をもつことになる。一方、bの見方をとれば、同笵瓦の分布は瓦工人の足取りを示すという評価にとどまってしまう。このように、解釈の仕方の違いによって、同笵瓦のもつ意味が大きく異なってくる。

当然のことながら、見方の違いだけで評価が大きく変わってしまうことは問題であり、aとbいずれの評価が適切かという検討が必要となる。こうした場合の検討は、文献史料などを駆使して同笵瓦が分布する寺院の造営主体を究明するという方法がとられる。たとえば、同笵瓦の分析や技法の分析から、A寺→B寺→C寺という瓦工人の移動が想定された場合、A～C寺の造営主体が、特定の豪族の同族あるいは文献史料から何らかの関係が認められる場合は、aである可能性が強まるのである。

後述するように飛鳥時代前半の大和や河内、山背の寺院の瓦には、同笵関係が認められる場合が多い。この中には瓦工人の移動が想定される場合もあるが、笵のみの移動の場合も多い。そして、この時期、寺院を造営した豪族は限られており、豪族どうしの間に強い接点が認められる場合がほとんどである。さらに、瓦の使用が寺院のみに限られ、しかも寺づくりがさほど活発化していない段階で、販売などの目的で自らの意思で瓦生産を行う自立的な瓦工人の

存在は想定しがたい。こうしたことから、少なくとも飛鳥時代前半の同笵瓦の分布が意味するものは、寺院造営の造営主体や造営した豪族間のつながりである可能性が高いということになる。

このように、瓦の文様と技法の分析という考古学的な検討に加え、文献史料の検討などから浮かびあがる寺院の造営氏族との関係を丁寧に検討することによって、瓦は史料には現れないさまざまな歴史を語り出すのである。

次にこのことに留意しながら飛鳥時代の瓦の同笵関係についてみていこう。

飛鳥寺の瓦と4人の工人

飛鳥寺の創建には、文様や作り方が異なる2系統の瓦が用いられた。ひとつは、桜の花びらのような文様をもつもので、これを瓦の研究者は「花組」と呼んでいる。もう一方は、花びらの先端を尖らせ、小さな点をつけたもので「星組」と呼んでいる（納谷 2005）。花組の丸瓦部は先に行くほどしだいに細くなる行基式と呼ばれるものであり、文様がある瓦当部と丸瓦とを接合するときに、丸瓦の先端部分の凹面あるいは凹凸両面を斜めに切り欠いている（図7）。

それに対し、星組の丸瓦部は先端に段を設ける玉縁式であり、瓦当部と丸瓦部との接合は丸瓦先端を段状（片柄形）に加工する。これ以外にも、両者の違いは、調整や焼成にも表れていることから、花組と星組はそれぞれ技術を異にしていることがわかる。このことは、飛鳥寺造営に伴い百済からやってきた4人の瓦博士には、技術系統を異にする2つのグループがあったことを示している。もちろん、瓦づくりは粘土や燃料の採取からはじまり、窯の構築、製品の運搬に至るまでさまざまな工程があり、この4人以外にもそうした仕事を手伝う補助的な労働力があったと考えられる。

また、飛鳥寺の瓦工人は単に飛鳥寺を造るというだけではなく、

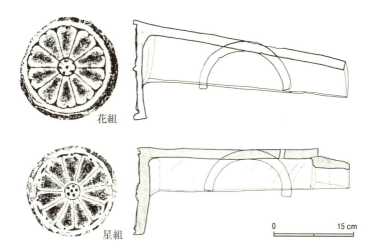

図7 飛鳥寺の軒丸瓦
瓦は建築材といった性質上、大きさや形が均質である必要があるが、それに影響を及ぼさない色や製作技法には瓦工人の個性が明確に表れる場合が多い。

日本に寺づくりの技術を広めるという使命ももっていたようである。そのため、通常の場合、2種類の笵があれば十分、伽藍に用いる軒先の瓦を生産できるにもかかわらず、伽藍造営後半になると複数の笵が使用されるようになり、瓦の供給元となる瓦窯も奈良盆地の各所に置かれるようになる。そこでは、瓦づくりの技術を学んだ須恵器工人らの手によって花組、星組それぞれの文様と技術の系統を引く文様の瓦が生産された。そして、それらの笵とその文様の系譜を引く瓦が後に各地の寺づくりで使用されたのである（図8）。

　飛鳥寺の瓦の主たる生産窯は、飛鳥寺に近接して置かれた飛鳥寺瓦窯である。この飛鳥寺瓦窯は豊浦寺にも瓦を供給している。豊浦寺は飛鳥寺に対する尼寺であるので、同笵瓦の出土は蘇我氏による一連の造寺活動と理解できる。飛鳥寺瓦窯は飛鳥寺造営途中で閉鎖され、瓦生産の拠点は、他の場所に移された（場所は未解明）が、そこで作られた製品は奥山廃寺（明日香村）にも供給されている。

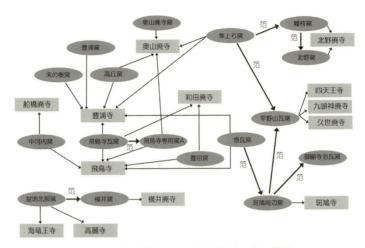

図8 飛鳥時代前半の瓦窯と供給先・笵の移動

7世紀前半の寺院造営は、大和と河内、山背を中心に展開し、それ以外の地域にはほとんど広がらない。また、飛鳥寺と斑鳩寺から瓦の文様が拡散しているという傾向がみられ、初期の仏教の担い手が蘇我氏と上宮王家であったことを裏づける。ただし、少数ながらも、この2つの寺の瓦とは関連性が認められない軒丸瓦が奈良県広陵町三吉から出土している。この地域は敏達王家の本拠地であり、後に飛鳥や斑鳩とは文様の系統が異なる軒丸瓦が生み出される。このことから敏達王家も7世紀前半において仏教信仰の担い手であった可能性もある。

この寺も蘇我氏と関連の深い豪族による建立と考えられている。

飛鳥寺瓦窯以外の飛鳥寺への供給窯は、大阪府柏原市周辺にあった形跡が認められ、その製品は衣縫廃寺（大阪府藤井寺市）から出土している。飛鳥寺の造営は衣縫氏の家を壊して寺としたと『書紀』にあることから、衣縫廃寺を衣縫氏の寺とすると、飛鳥寺造営に協力した豪族の寺づくりを蘇我氏が支援したと考えられよう。

もうひとつの窯は奈良県御所市にあったと考えられている（増瓦窯）。この窯は飛鳥寺創建時の最終段階に置かれた窯で、そこで生産された瓦は飛鳥寺からはさほど多く出土していない。窯も飛鳥寺創建をもって操業を停止するようであるが、増瓦窯で使用された笵は、斑鳩に持ち運ばれ厩戸王による斑鳩寺造営に用いられている。

斑鳩寺出土のものと飛鳥寺のものとでは技法が異なるので瓦工人そのものが移動したわけではないが、これをもって厩戸王の寺院造営を蘇我馬子が支援したという見方がある。

遠くの窯で焼かれた豊浦寺の瓦

豊浦寺は『元興寺縁起』によれば、癸丑年（593）に等由良の宮を寺として等由良寺と称したとあるが、『書紀』では推古天皇が豊浦宮から小墾田宮に遷ったのは推古11年（603）としている。創建時期に10年間の開きがあるが、実際に豊浦寺の下層からは豊浦宮跡と考えられる遺構が検出されていることから、宮を寺としたことは史実であるようである。

この寺からは、じつにたくさんの種類の瓦が出土している。これらの瓦の中でも最も注目されるのが、「花組」にも「星組」にも属さない瓦である。やや細目の突出した弁をもつ瓦で、豊浦寺周辺の瓦窯でも類似のものが作られているが、その最初の生産地は直線距離で約50km離れた隼上り窯（京都府宇治市）である（図9）。この瓦窯の製品は、出土量から考えて豊浦寺を主な供給先としていたことはまちがいなく、蘇我氏の瓦窯と考えられるが、この瓦窯で用いられた笵の一部は、平野山瓦窯（大阪府枚方市）に移動し、製品は四天王寺（大阪市）に供給されている。さらに別の笵は幡枝瓦窯（京都市）に移動し、製品が同市北野廃寺に供給されている。四天王寺は厩戸王の発願と伝えられており、北野廃寺は先に紹介した推古11年11月に厩戸王から与えられた仏像を安置するために秦河勝が建立した蜂岡寺の跡と考えられている。ここでも斑鳩寺造営時と同様、蘇我氏の窯から上宮王家と関係が深い窯への笵の移動が認められる。

もうひとつ、豊浦寺の出土瓦で注目されるのが、高丘窯（兵庫県

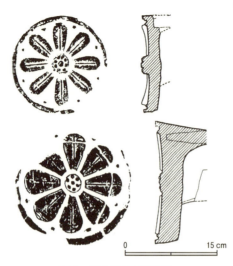

図9　隼上り窯の出土瓦
飛鳥寺の軒丸瓦の文様が百済の瓦に類似することから百済系と呼ばれるのに対し、この瓦の文様は高句麗の瓦の文様と類似することから高句麗系と呼ばれる。厩戸王の仏教の師であった慧慈が高句麗の僧であったことに象徴されるように、仏教や寺院建立の技術などは百済からだけでなく、大陸や半島の様々な地域からもたらされたと考えられる。

明石市）や末の奥窯（岡山県総社市）で作られた瓦が出土していることである。前者は豊浦寺から直線距離で約80km、後者にいたっては約180kmも離れている。瓦のような重量物を遠隔地で生産するためには、運搬手段が確保されていることが前提となる。そのため、遠隔地の瓦窯は、皇室の直轄地であるミヤケ（詳細は後述）に代表される、生産物などを飛鳥へ運搬する経路や手段が確立されていた地域に置かれたとする見方がある（上原 2015）。同時に運搬の難を知りながらあえて遠くに窯を置いたのは、寺づくりを各地に広げるために必要な技術を、各地の土器づくり工人に伝習させようといった意図があったからかもしれない。

飛鳥時代初期の瓦からみえる寺づくりの広がり

　最初の寺である飛鳥寺の建立に伴う瓦づくりは4人の渡来人の瓦工人により開始されたが、彼らは日本で弟子を育て瓦づくりの技術を伝授したと推定される。その弟子たちは、大和や河内・山背でそれぞれ瓦生産を行い飛鳥寺へ製品を供給したが、それがやがて豊浦

寺や奥山廃寺など蘇我氏との関係が指摘される寺院や、斑鳩寺、衣縫廃寺など蘇我氏との関わりが想定される王族や豪族が建立した寺院へも製品を供給していったことがわかる。そこからみえる寺づくりの広がりは、『書紀』にみえる蘇我氏による仏教信仰をまさに裏づけているのである。こうした寺づくりの広がりとともに隼上り瓦窯のように、遠隔地における瓦生産が顕在化するようになる。これは寺づくりの技術を広げようとする意図があったと考えられ、蘇我氏と関わりの深い地域に寺づくりの技術が伝播した可能性がある。

また、斑鳩寺の造営が開始されると蘇我氏に加え厩戸王一族（上宮王家）が仏教信仰のもうひとつの担い手となっていることが瓦から読み取ることができる。斑鳩寺の創建瓦は飛鳥寺で用いられた笵を斑鳩に持ち運び、そこで生産されたことが知られているが、この瓦に後続する瓦には、飛鳥の瓦との類似性は認めがたい。なかでも、創建瓦に若干遅れて製作されたと考えられる軒丸瓦は、飛鳥を経由せず直接平野山瓦窯へ笵が移動し、製品が四天王寺、久世廃寺（京都府城陽市）、九頭神廃寺（大阪府枚方市）に供給されている。この２つの寺院の造営氏族は不明だが、斑鳩寺と四天王寺といった厩戸王発願の寺院と関わりが深い平野山瓦窯が、北河内や摂津における寺づくりにとって重要な役割を果たしていたことがわかる。

さらに7世紀前半の寺づくりのもうひとつの担い手は、渡来系氏族である。蜂丘寺を造営した秦氏、檜隈寺（奈良県明日香村）などを造営した東漢氏がその代表的な存在であるが、厩戸王の発願による四天王寺は難波吉士氏の本拠地であり、その強い関与が指摘されている。つまり、蘇我氏や上宮王家による仏教信仰は渡来系氏族と一体となって推進されたのである。また、渡来系氏族は、畿内以外への仏教信仰の拡散の担い手にもなっていたと考えられる。秦原廃寺（岡山県総社市）、寺谷廃寺（埼玉県滑川町）など出土軒丸瓦の文様から、7世紀中頃以前に造られたと考えられている地方寺院

の造営主体は渡来系氏族であったとする見方が強い。

このように瓦を分析することにより『書紀』に記された仏教の伝播の具体的な姿が明らかになるとともに、その評価によっては飛鳥時代初期における仏教信仰の担い手となった豪族の動向や関係をうかがい知ることができるのである。

4. 仏教の拡散

畿内と地方との同笵関係

同笵瓦の分布は何も畿内のみにとどまるわけではない。先に紹介した高丘瓦窯や末の奥瓦窯のような、飛鳥の寺院に瓦を供給するための瓦窯が遠隔地に置かれた例は、7世紀前半から確認できるが、これ以外にも畿内の寺院から笵を持ち運び、地方寺院が造営された例もある。たとえば横見廃寺（広島県三原市）や、そこから北西へ直線距離で約41km離れた明官寺廃寺・正直殿廃寺（同安芸高田市）からは檜隈寺と同笵の軒丸瓦が出土している（図1参照）。文様の分析から、檜隈寺の笵が横見廃寺に運ばれ、そこから山間部の明官寺廃寺に運ばれたことが知られている。また、檜隈寺と横見廃寺の瓦の間には製作技法に共通性が認められないことから、笵のみが大和から安芸へ運ばれたと考えられるが、横見廃寺と明官寺廃寺は製作技法も共通することから瓦工人が移動した可能性が高いことも指摘されている（妹尾 1994）。なぜ、これらの寺院の間で笵の移動が認められるのかについて、興味深い説が示されている。

檜隈寺は渡来系氏族である東漢氏の氏寺であり、この一族の中に書（東漢）直縣という人物がいた。この人物は舒明11年（639）には天皇により百済大宮と百済大寺を造る大匠（建築技術者の長）に任じられ、白雉元年（650）には安芸へ派遣され百済船2隻を造っている。これらの記事から東漢氏と横見廃寺などがある

安芸との接点を認めるとともに、百済大寺という天皇の勅願による寺づくりにあたった人物が横見廃寺などの創建に何らかのかたちで関わったとみるのである。また、この寺からは斑鳩寺のものと類似する忍冬文軒丸瓦が出土していることや、金堂基壇が瓦積みであることなど、畿内の寺院や渡来系氏族との関係をうかがわせる要素がある（山崎 1983）。

　もちろん、これは横見廃寺で認められた畿内の寺院との関わりが想定される要素を『書紀』の記述に求めようとした推察にすぎない。ただ、同范瓦が出土しているということは、この２つの寺院に何らかのつながりあった可能性を示すものである。そのつながりが造営氏族なのか瓦工人なのか、さらには国家の意思なのかそこのところはよくわからない。ただ、たった一片の瓦であっても、そこには歴史を紐解くヒントが隠されているのである。

同文瓦の意味すること

　また、范は違っても文様が類似している瓦からも同范瓦と同様、その分布に何らかの歴史的な背景を見出そうとする研究も進められてきた。たとえば川原寺（奈良県明日香村）は、天智朝に造営された寺院であるが、この寺に用いられた軒丸瓦とよく似た瓦が各地から出土している。特に、美濃や尾張でまとまって出土しており、その分布を壬申の乱の功臣による寺づくりを国家が援助した結果を示しているとする見方がある（八賀 1973）。壬申の乱で勝利した大海人皇子軍の主力は、東海の地域勢力であった。そして、川原寺式軒丸瓦の出土寺院の中には、身毛君氏の氏寺と考えられる弥勒寺跡（岐阜県関市）をはじめとする壬申の乱の功臣の寺院があることから、こうした学説が示されたのである（図10）。また、川原寺式と同様、広範囲で同様の文様の瓦が分布する法隆寺式軒瓦については、法隆寺領荘園との関係が指摘されたことがある（鬼頭 1977）。

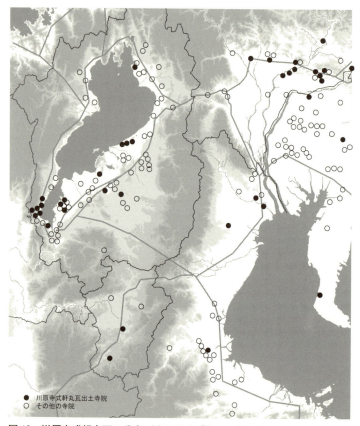

図10 川原寺式軒丸瓦の分布（春日井市『第3回春日井シンポジウム資料』
1995をもとに作成）
川原寺創建に伴い採用された複弁蓮華文軒丸瓦で、突出した中房に肉厚の弁をもち、面違鋸歯文縁をもつことを特徴とする。全国に分布する川原寺式にはオリジナルに忠実なものもあるが、そうでないものも多く、川原寺式の影響を受けながらも地域で独特の展開をみせるものもある。

　こうした同文瓦の分布に関する評価は、どの程度似ているものを同文と認めるのかという本質的な問題があり、その分布を一律の要因に求めてよいかという問題もある。また、東海地方に伝わった川原寺の瓦の文様が、その地域において模倣を繰り返しながら二次

的、三次的に拡散する場合もある。そのため、同じ文様の瓦が出土するからといって、そのすべてを同一視するのは適当ではない。

ただし、きわめて類似する文様の軒瓦の分布には、相応の意味があると考えられる。たとえば、都との密接な関係が『書紀』などの史料から知られている筑紫観世音寺（天智天皇発願・福岡県太宰府市）や、下野薬師寺（栃木県下野市）(7)の瓦の文様も川原寺のものに酷似している。このことからも、瓦の文様の類似は単なる模倣ではなく、造営氏族同士が強いつながりを有していた可能性があり、その文様が官の寺のものである場合は中央の関与が考えられるのである。

地方における寺づくりの展開

仏教の広がりは、何も中央から一元的に広がったわけではない。九州北部では、朝鮮半島の瓦の影響を直接受けたと考えられる軒瓦が広く分布しており、少なくとも瓦の文様は畿内の寺院の影響をまったく受けていない。また、大和でも飛鳥寺や斑鳩寺、山田寺など、他地域の寺院の瓦にも影響を及ぼした瓦とはまったく別系統の瓦が出土している例もある。瓦づくりの技術は、畿内から一元的に地方へと拡散したものではなく、各地域が独自に入手した技術や情報が、それぞれの地域で拡散した事例もあるのである。

そして、それは単に瓦づくりという技術だけでなく、地方豪族が畿内の勢力に頼らず独自に寺院を建立した例も知られている。『日本霊異記』に「亀の命を贖ひて放生し、現報を得て亀に助けらるる縁」という話がある。百済救援軍（第2章参照）に従軍した備後国の三谷郡の大領（律令制における郡司の長官）の先祖にあたる者が、出征のときに無事に帰還することができたなら、伽藍を建てて多くの寺々を創建しましょうと誓願したところ、無事、帰国できたので、百済の僧弘済禅師をもって三谿寺（三谷寺）という寺院を

建てたという話で、この三谷寺は寺町廃寺（広島県三次市）と考えられている。

寺町廃寺の軒瓦は、瓦当部の下に三角形の突起をつけた水切り瓦と呼ばれる特殊なもので、寺町廃寺を中心に備後・備中・安芸・出雲の寺院を中心に広く分布している。そして、寺町廃寺のものは栢寺廃寺（岡山県総社市）から笵が持ち運ばれたものであり、この瓦の分布範囲と展開は中国・山陰における寺づくりの広がりと技術交流を知る上で格好の資料となっている。『日本霊異記』の記載が正しいか否かは別にして、こうした伝承をもつ寺院とその周辺に、地域独特の瓦が分布することは日本における地方寺院の展開を考える上でも興味深い。

なお、先に紹介した明官寺廃寺と寺町廃寺は日本海に流れ込む江の川水系に分布しており、文化的に日本海側と強い結びつきがうかがわれる。そして瓦が語るように瀬戸内からのモノと人の移動が確認できる。つまり、山間部の盆地でありながら、瀬戸内と日本海側の双方の文化の接点となっていたのである。このように、太平洋と日本海それぞれの文化が、内陸の盆地で出合い、そこを起点に各地に拡散する例は、時代を問わず多数、確認されている。寺づくりに限らず日本列島における文化交流を考える上で、盆地にある遺跡や出土遺物には注意を払う必要がある。

寺院の爆発的な増加

平安時代末期に記された『扶桑略記』には持統天皇の時代の全国の寺院の数を545と記している。この数をそのまま信用することはできないが、『飛鳥・白鳳の古瓦』（奈良国立博物館 1970）で奈良時代以前の瓦を出土するとされた遺跡の数は400を超えている。また奈良文化財研究所が1983年にまとめた「飛鳥白鳳寺院文献目録」には、瓦窯を含めて730の遺跡があげられている。つまり、『扶桑

略記』の記載は大げさどころか、それを超える数の寺院が飛鳥時代のうちに建立され、推古朝には46であった寺院が、それから90年もしないうちに15倍以上に増加したのである。しかも、出土瓦からみると畿内では、段階的な増加傾向を示すが、それ以外の地域では7世紀末頃に爆発的に増加していることがわかる。

　この急激な寺院の増加を天武14年（685）3月27日の詔「諸国に、家毎に、仏舎を作りて、乃ち仏像及び経を置きて、礼拝供養せよ」を契機とするという見方が有力である。この詔は天武天皇の仏教興隆政策と考えられ、天皇が「鎮護国家」の思想を強くもっていたと評価されている。仏教伝来当初、天皇は諸豪族に対し、仏教信仰を強制することも排斥することもできずに中立の立場をとったが、壬申の乱に勝利した天武天皇は、詔により全国各地に寺院を造らせることに成功したのである（図11）。

　ただ、考古学の立場からすると、地方寺院の爆発的な増加をすべてこの詔に求めてよいか否かについては慎重であらねばなるまい。本来の研究姿勢からすれば、個々の寺院の研究に立ち返ってそれぞれの寺院の創建時期の検討しなければならない。この詔が出されたことを契機に寺づくりが広がるという前提にたってしまえば、出土する瓦の時期も7世紀末創建の寺院から出土したものとして扱われてしまい、モノを検討して時期を当てはめるという本来の姿勢を見失う危険性がある。

　文字からわかる情報は考古学者にとって大変、魅力的である。そのため、つい遺跡や遺物に年代を与えるときに無批判に文献史料に飛びついてしまうこともある。また、文献史料から導き出される歴史の流れに引きづられ、考古学的な検討を十分に行わないまま遺跡を評価しようとしてしまうこともある。こうした問題については、次章でも引き続き述べることとする。

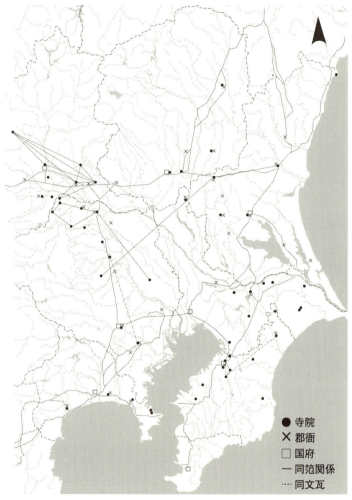

図11 関東の寺院と瓦の分布

関東における寺院造営は7世紀中頃からはじまり、7世紀末に爆発的に増加する。また、一郡に一寺がある例が多く、後の郡司につながる地域の有力者による造寺が想定される。ただし、出土瓦の同笵関係をみていくと上野国から武蔵国北部にかけては、近接する寺院間で顕著に認められるものの、武蔵南部や房総では、そうした関係はあまり認められない。また、川原寺式などの官寺の瓦と同文の瓦の分布も上野・下野では面的に広がるが、房総地域では特定の寺院に点在する傾向を示すなど、同笵・同文の瓦の分布状況は関東北部と南部とでは異なっている。

コラム　奇妙な瓦

加茂廃寺

　石川県津幡町に加茂遺跡がある。この遺跡は加賀国（弘仁14年〈823〉越前国から分立）・越中国・能登国（養老2年〈718〉越前国から分立、天平13年〈741〉越中国に併合、天平宝字元年〈757〉再び分立）三国の境界付近にあたり、河北潟と西へ向かって延びる山裾とによって、平野の幅が最も狭くなる部分に立地し、遺跡の東端付近を古代の幹線道路のひとつである北陸道駅路が通過する交通の要衝にあたる。

　また、この遺跡は古代の百姓の御触書ともいえる加賀郡牓示札が出土したことにより注目を集めただけでなく、出土した木簡などから交通に関わる役所的な機能を有していたことが知られている。この遺跡で9世紀後半に創建され10世紀前半に廃絶する南北4間、東西2間以上の礎石建ち瓦葺きの仏堂跡が検出された。出土した墨書土器から寺名は「鴨寺」であったことがわかったが、この仏堂の周囲から出土した瓦は実に変わっている。

加茂廃寺の瓦

　まずは軒丸瓦の瓦当面が楕円形であることである。通常の軒丸瓦は、ほぼ正円形で、中心に蓮の花托を表現した円形の中房があり、その周囲に花弁を現している。しかし、加茂廃寺の軒丸瓦は中房を楕円形の蓮子ひとつで表現し、花びらを表現する部分には細い唐草文がめぐる。また、丸瓦の作り方も変わっている。丸瓦は型に粘土を貼りつけて作るが、ここではまず型を使わずに円形の筒をロクロで成形し、それを縦に二分割し、最後に筒の内側に一回り小さな半円形の粘土板を貼りつけて、有段式の丸瓦としている。つまり、瓦の通常の作り方とは異なり、須恵器の作り方を応用して丸瓦を製作しているのである。

　鬼瓦も変わっている。通常の鬼瓦はアーチ形の足を有し、丸瓦をまたぐようにして屋根に葺くが、ここの鬼瓦は下部に円形の穴を空け、その中に丸瓦を通すように作られている。屋根葺きの手間を考えると、合理的とはいえない形態である（図12）。

　では、なぜこのような変わった瓦が作られたのか。これについて私は加茂廃寺の瓦を作った工人が、瓦づくりの知識をまったくもっていない

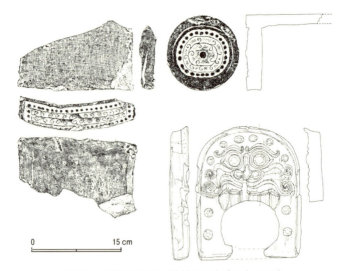

図12 加茂廃寺の瓦（津幡町教育委員会 2009）
瓦の出土量が建物の規模に比して極端に少ないことから、総瓦葺きではなく、建物の棟部分にのみ瓦を葺いていた可能性がある。

須恵器工人であったためと考えている。楕円形の軒丸瓦は実際に寺院の屋根に葺かれた瓦を地上から見上げたときにゆがんでみえたため、それを忠実に再現したからであろう。また、丸瓦の作り方や鬼瓦の足の部分の形態などは屋根に葺かれた状態では確認しようもない。そのため、加茂廃寺の工人は似たような形のものを作るため瓦そのものを手にとることなく、瓦屋根を見ただけで自らの知識と技術を総動員し、かつ想像力を働かせて、こうした奇妙な瓦を作ったのだと考える。

さまざまな模倣のレベル

考古遺物を分析するときに、よく「何々を模倣した」という表現される場合がある。ただ、一口に模倣といっても、そのレベルはさまざまである。たとえば瓦でも、実際に瓦工房で作業を行い、先輩の職人から技術を伝授される場合があるし、加茂廃寺のようにまったくの見よう見まねで瓦を製作する場合もある。

文様も、中央の瓦のデザインを受け取り、それを忠実に模す場合もあ

れば、模倣したものをさらに模倣するものもある。当然のことながら、オリジナルの文様に近いものほど良質な模倣ができ、良質なものの分布の背景には中央からのデザインの伝授や中央の瓦づくりに参加した工人による製作が想定されるのである。このように、文様と技法の分析は、共通する特徴をもつ瓦を採用した寺院間の関係、さらにいえば造営主体間の関係が表れると考えられる。

もちろん、似ている、似ていないという議論は個人の思い込みにとどまってしまうので、文様の属性を抽出、分類し第三者にも何をもって類似しているとみるのかを明確に示す必要がある。

特殊な技法から読み解く技術の伝播

さて、加茂廃寺の軒瓦は特殊な文様だけでなく丸瓦部の製作技法にも特徴がみられた。その作り方から須恵器工人による生産が想定されるわけであるが、瓦の中にはこれほど極端ではないにせよ、特殊な技法が認められ、その技法の分布から製作した瓦工人の動向や技術の伝播を追えるものもある。

通常、軒丸瓦の多くは、文様の施された瓦当部と丸瓦部を別に作って接合して製作するのに対し、特殊な型を使用することにより、瓦当部と丸瓦部を一緒に作り上げる一本作りという製作技法がある。この技法は南滋賀廃寺（滋賀県大津市）の川原寺式軒丸瓦を初現とし、東山道に沿うような形で甲斐国まで分布している。また、同じ一本作りでも、南滋賀廃寺のものが截頭円錐台形の内型を利用しているのに対し、軒丸瓦専用の特殊な整形台を使用する横置型一本作りと呼ばれるものもある。これは8世紀前半に平城京で出現し、下野、伊勢、石見などいくつかの国分寺や秋田城などから出土している。こうした特殊な技術は、瓦生産を行う工人集団の移動などと関係すると考えられる（図13）。

軒平瓦でも特殊な技法がある。8世紀前半までの軒平瓦は布をかぶせた桶に粘土板あるいは粘土紐を巻きつけ、その端面に型を押しつけ文様をつけるが、少数ながらも軒丸瓦と同様、瓦当部と平瓦部を別に作り接合する、包み込み技法と呼ばれる軒平瓦が、山村廃寺（奈良県奈良市）や宗吉瓦窯（香川県三豊市）で確認されている。山村廃寺は渡来系氏族である山村忌寸氏の氏寺と考えられ、宗吉瓦窯は地元の寺院の瓦のほ

かに藤原宮の軒瓦も生産した瓦窯であることが確認されている。両者のつながりは明確ではないが、特殊な技法を共有することからみて、技術系譜が同じ工人による生産が考えられる。

もうひとつ、特殊な瓦を紹介しよう。それは歯車形接合と呼ばれる軒丸瓦の丸瓦部の先端を三角形に切り欠いたものである。この技法そのものは、少数ながら飛鳥時代後半から奈良時代の各地の瓦に認められるが、文武天皇の時代に創建された大官大寺の軒丸瓦の大半がこの技法で作られていることが知られている。

大官大寺の軒丸瓦は丸瓦部の先端を斜めに切った後に三角形の刻みを複数入れているのであるが、この技法による瓦は前後の官寺ではほとんど認められていない。つまり、大官大寺では、特殊な技法をもった瓦工人を新たに編成し瓦を生産させた可能性が高いのである。このことから、この当時の瓦づくりは、国営事業専属の瓦づくり集団がいたのではなく、造営の都度、瓦工人を徴発し、工事が終われば解散していた可

図13 一本作り技法（上原1996）
型そのものが残っている事例はなく、ここで示した型は軒丸瓦に残る成形時の痕跡をもとに復元されたものである。こうた遺物の観察による製作技術の復元によって、瓦づくりの技術の伝播は瓦工人の動向を知ることができる。

能性が指摘できるのである。なお、大官大寺以前の寺院で、類似する技法が認められる寺院の軒丸瓦は、奥山廃寺の7世紀後半に建てられた塔所用のものである。この軒丸瓦は山田寺式であり、大官大寺とは文様がまったく異なる。

これらのことから、少なくとも7世紀後半頃から8世紀にかけての官の寺院造営では、瓦工人は寺院造営の都度、招集され、寺院の造営工房が準備した笵をはじめとする道具を用いて生産したと考えられる。そして、与えられた量を生産し終えたら解散し、新たな要請を待ったのだろう。もしそうだとすれば、瓦生産という特殊な技術をもちながらも、瓦工人は必ずしも専業集団ではなく要請があった場合にのみ瓦を生産する半農半工の工人であったのかもしれない。

註

（1）「日本」の国号は『書紀』天武3年（674）3月条には「倭国」とあり、『大宝律令』（701）には「日本」を用いているので、この間に成立したと考えられているが、本書では便宜的にそれ以前についても「日本」と記す。

（2）　元興寺の由来を示した史料で、天安2年（858）頃の成立とされる。

（3）　聖徳太子の伝記で、延暦17年（798）に成立した『聖徳太子伝暦』以降、平安中期以前に記されたと考えられている。

（4）　中国へは前漢の時代に、高句麗には372年に前秦から、百済へは384年に東晋から、新羅へは5世紀代に高句麗から仏教が伝来し信仰されていた。

（5）　石田は皇極天皇の時代までを飛鳥時代、孝徳天皇以降を白鳳時代と定義している。白鳳時代は美術史による時代区分であるので、ここでは混乱を避けるため石田のいう飛鳥時代を飛鳥時代前半とする。

（6）　本来は、京に近い地域を指す用語で、日本では改新の詔が初見であり、このときは、東は名墾（名張）の横河、南は紀伊の兄山、西は赤石（明石）の櫛淵、北は近江の狭狭波の合坂山（逢坂山）までの範囲とされている。それに対し、律令制では大和、河内、摂津、山背、和泉の5カ国を指すなど範囲が変化している。本書では天皇の住む宮の周辺地域という意味で、律令制でいう5カ国の範囲を意識し、律令制以前についてもこの呼称を用いる。

（7）　下毛野氏の氏寺と考えられるが奈良時代には東大寺・筑紫観世音寺とともに正式な僧侶の資格証明書である度牒を与える戒壇が置かれた。

第2章　白村江の敗戦と古代山城
―歴史時代の考古学の落とし穴―

1. 『日本書紀』の記載から膨らむイメージ

『日本書紀』の落とし穴

『書紀』は、7世紀以前の出来事を体系的に記したほぼ唯一の文献史料である。本書の巻末で示すように『書紀』は、その編纂の目的からして記述すべてを鵜呑みにはできず、利用にあたっては、考古学的な成果も含めた厳密な史料批判が必要となる。一方で『書紀』は古代史研究において避けては通れない最重要資料であり、日本史の教科書の記載も、ほぼその記述に従っている。また、『書紀』の記載方法は、後の時代の正史である『続紀』などが当時の出来事を実録風に淡々と羅列しているのに対し、表現が豊かで、ときとして会話や登場人物の感情までもが記載されるなど、ひとつの物語として、読む者の想像力を誘い、楽しむことができる。

しかし、ここに落とし穴がある。こうした『書紀』のストーリー性が、ときに歴史研究において最も重要な「史料を冷静に見る目」を曇らせ、遺跡の評価を恣意的なものにしてしまうことがある。ここでは、その一例として、天智2年（663）に百済救援のために朝鮮半島に派遣された倭国軍が白村江で大敗したことを契機とする一連の国防政策について述べることとする。

白村江の敗戦は日本の中央集権体制の構築に大きな影響を及ぼした。敗戦後に天智天皇が行った諸政策は、唐・新羅の連合軍の日本来襲に備え、天皇を中心とした挙国一致体制をめざしたものと評価

でき、それが律令制による中央集権体制の確立を加速化させたとみられている。しかし、その反面「天智紀」の記載はシンプルであり、遺漏や重複が散見されるなど史料の扱いは難しい（森 2016）。まず、そのことを確認した上で、本論に入っていこう。

白村江の戦い

この戦いから始まる一連の出来事について過去の教科書は概ね次のことを述べている。

> 朝鮮半島では新羅が強大化し、唐と結んで百済を滅ぼした。百済の遺臣が日本に助けを求めてきたので、天皇や皇太子は筑紫に下り、百済救援のための大軍を派遣したが、白村江で大敗する。日本は朝鮮半島における権益を失うとともに、唐・新羅連合軍が日本に攻めてくることに備え、九州に防人や烽火（のろし）を置き、大宰府を守るために水城（みずき）などの防御施設を造るなど国防に力を注いだ（安藤 2016）。

この記載は、「新羅が強大化した」「朝鮮半島における権益を失った」「大宰府を守るため」といった点が『書紀』の記載にない解釈の類の話である。特に大宰府を守るためという点については、現在までの発掘調査成果によると大宰府の成立は7世紀後半であり、それ以前の実態は不明であるので、現時点では勇み足の感がある。しかし、それ以外については『書紀』の記述を要約したものであり、百済滅亡、倭国による援軍派遣と敗戦、国防の強化という流れは、若干の異論はあるものの、一般的な理解といってよい。

そして、こうした一連の事件の流れが把握できることにより、そこからさまざまなストーリーが生み出され、そのことが遺跡の評価にも少なからぬ影響を及ぼしているのである。

2. 古代山城をめぐる問題

記録に現れる古代山城

　百済救援戦争のクライマックスとなる白村江の戦いに関する一連の記事は、『書紀』天智2年8月13日条から27日条にかけて記され、9月7日条に百済復興軍の最後の拠点である州柔城の陥落と百済滅亡、24日条に救援軍と百済遺臣団の日本引き揚げを語る。そして、年が明けて3年5月17日には、唐の百済占領軍の司令官、劉仁願が使者として郭務悰を筑紫に送り、書簡と献物を進上したとある。そして、天智3年是歳条に突然、次の記事が現れる。

　　対馬嶋・壱岐嶋・筑紫国等に、防と烽を置く。又筑紫に大
　　堤を築きて水を貯へしむ。名けて水城と曰ふ。

　水城は現在も福岡県太宰府市・大野城市・春日市に跨がって遺構が残り、全長約1.2 km、基底部幅約80 m、高さ約9 mの巨大な堤の前面に幅約60 mの濠をもっていたことが発掘調査で明らかにされている。しかし、この記事だけみると、何の目的で防人や烽火が置かれ、水城が築かれたのかはまったくわからない。ただ、前年の百済救援軍の敗戦と郭務悰の来日記事から、唐・新羅連合軍の日本来襲が現実的な不安としてあったため、国防のためにこうした施策を行なったと評価されるのである。そして、翌4年8月条には、

　　達率答㶱春初を遣して、城を長門国に築かしむ。達率憶礼福
　　留・達率四比福夫を筑紫国に遣して、大野及び椽、二城を築か
　　しむ。

という記事がみえる。達率とは百済の官位であり、この記事は百済の亡命官人を派遣して、長門国と筑紫国に城を築かせたことを示している。そして、先に紹介した記事と同様、これらの城は国防のための城と理解されているのである。なお、この3名の百済人を、

唐に降伏した百済人とみて、唐の命令による築城という見方も示されているが（中村 2015）、答㶱春初は天智10年（671）正月に大山下（だいせんげ）（倭国の官位でこの当時は26階中15位）を授けられているので、このときの築城も日本からの要請とみるのが妥当であろう。

また、ここにみえる3つの城のうち、大野城、椽城（基肄城（きいじょう））は大宰府を見下ろす山上に城跡の遺構が残っており、その構造は百済の山城に類似し、しかも大野城が築かれた山の尾根上には水城につながる土塁の痕跡が残ることから、この2つの城と水城は一体的に機能した防御網であることも知られる。こうした事実から、先に紹介した『書紀』の2つの記事は、いずれも白村江敗戦後に国防のために造られた施設という評価が成り立ち、『書紀』の記述の正しさを遺跡からも証明できる事例としてあげられるのである。

そして、天智6年（667）11月是月条には、「倭国の高安城・讃吉国山田郡の屋嶋城・対馬国の金田城を築く」とある。この3城も城跡が確認され、その立地や構造も大野城、基肄城とよく似ていることから、これも先の2城と同様、国防のための山城と考えられている。これら古代に築かれた山城は、「古代山城（こだいさんじょう）」と呼ばれており、朝鮮半島から九州北部、瀬戸内を経由し、都があった大和へ向かうルート上で認められている。このことは古代山城が唐・新羅連合軍の侵攻に備えて造られた施設という説の有力な根拠とされている（図14）。

記録に現れない古代山城

天智紀にはこの記事のほかに、9年2月に長門国と筑紫国に城を築くという記事があるが、これは4年8月条の重出記事と考えられており、『書紀』に記載された天智天皇の時代に築かれた城は、先の6城ということになる。そのうち長門国の城を除く城跡が確認されている。しかし、この時代に築城されたと可能性が高い城がほか

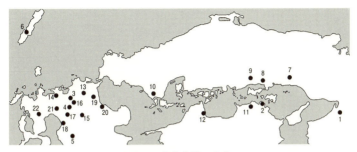

図14 古代山城の分布

『日本書紀』天武元年（672）7月22日条にみえる三尾城（滋賀県高島市か？）を除くと、古代山城はすべて宮があった飛鳥より西に築かれている。古代山城に関する記事は乏しく、その記録が複数回現れるのは、高安城、大野城、基肄城、鞠智城などごく一部に過ぎない。そのため、築城から廃城に至る経緯を文献史料のみから知ることはできない。図中の番号は表3に対応。

にもあったことが『続紀』の記載から知られる。

　文武2年（698）5月25日条には、肥後国鞠智城を修理したという記事があり、翌3年12月4日条には、大宰府に命じて、三野城と稲積城を修理させたとある。また、養老3年（719）12月15日条には備後国にあった常城と茨城を廃止するとある。このうち鞠智城は熊本県菊池市で城跡が確認されているが、残りはいずれも城跡が確認されていない（表3）。さらに、文献史料にその名を残さない古代山城も、九州北部や瀬戸内海沿岸地域で複数確認され、その数は16城に及んでいる。この記録に現れない古代山城については明治時代からの性格や築造時期をめぐる論争が繰り広げられている（向井2016、古代山城の研究史と問題点はこの図書に詳細に整理されている）。ごく簡単に紹介しよう。

　1898年、小林庄次郎が福岡県久留米市の高良神社付近にある正面を長方形に加工した石を並べた列石（高良山神護石）を「霊地として神聖に保たれた地を区別したもの」として紹介した。それに対し八木奘三郎は高良山、雷山などの列石を調査し、これらは城郭以

表3 古代山城一覧

No.	国	名称	所在地	主な遺構	文献
1	大和国	高安城	奈良県生駒郡平群町ほか	倉庫跡	天智6年(667)11月条(築城) 天智8年(669)是冬条(修造) 天智9年(670)2月条(修造) 文武2年(698)8月20日条(修造) 文武3年(699)9月15日条(修造) 大宝元年(701)8月26日条(廃城)
2	讃岐国	屋嶋城	香川県高松市	石塁・土塁・水門・貯水池	天智6年(667)11月条(築城)
3	筑前国	大野城	福岡県糟屋郡宇美町・太宰府市・大野城市	石塁・土塁・城門・倉庫跡	天智4年(665)8月条(築城) 文武2年(698)5月25日条(修造)
4	筑前国	基肄城(椽城)	佐賀県三養基郡基山町・福岡県筑紫野市	石塁・土塁・水門跡・倉庫建物跡	天智4年(665)8月条(築城) 文武2年(698)5月25日条(修造)
5	肥後国	鞠智城	熊本県山鹿市・菊池市	土塁・城門・倉庫等建物跡	文武2年(698)5月25日条(修造)
6	対馬国	金田城	長崎県対馬市	石塁・水門	天智6年(667)11月条(築城)
7	播磨国	播磨城山城	兵庫県たつの市	列石・城門礎石	なし
8	備前国	大廻小廻山城	岡山県岡山市	列石・石塁・土塁・水門	なし
9	備中国	鬼ノ城(鬼城山)	岡山県総社市	列石・土塁・水門・城門・建物跡	なし
10	周防国	石城山城	山口県光市・田布施町	列石・土塁・水門・城門	なし
11	讃岐国	讃岐城山城	香川県坂出市ほか	石塁・土塁・建物礎石	なし
12	伊予国	永納山城	愛媛県西条市・今治市	列石・土塁	なし
13	筑前国	鹿毛馬城	福岡県飯塚市	列石・土塁・水門	なし
14	筑前国	雷山城	福岡県糸島市	列石・土塁・水門	なし
15	筑前国	杷木城	福岡県朝倉市	列石・土塁・水門	なし
16	筑前国	阿志岐山城	福岡県筑紫野市	列石・土塁	なし
17	筑後国	高良山城	福岡県久留米市	列石・土塁・水門	なし
18	筑後国	女山城	福岡県みやま市	列石・土塁・水門	なし
19	豊前国	御所ヶ谷城	福岡県行橋市・京都郡みやこ町	列石・土塁・水門・城門・建物跡	なし
20	豊前国	唐原山城	福岡県築上郡上毛町	列石・土塁・水門・城門	なし
21	肥前国	帯隈山城	佐賀県佐賀市	列石・土塁・水門・城門	なし

No.	国	名称	所在地	主な遺構	文献
22	肥前国	おつぼ山城	佐賀県武雄市	列石・土塁・水門・城門	なし
	備後国	茨城	(推定)広島県福山市	(未判明)	養老3年(719)12月15日条(廃城)
	備後国	常城	(推定)広島県府中市	(未判明)	養老3年(719)12月15日条(廃城)
	長門国	長門城	(推定)山口県下関市	(未判明)	天智4年(665)8月条(築城)天智9年(670)2月条(築城重記事か)
	不明(筑前国?)	三野城	(推定)福岡県福岡市	(未判明)	文武3年(699)12月4日条(修理)
	不明(筑前国?)	稲積城	(推定)福岡県糸島市	(未判明)	文武3年(699)12月4日条(修理)
	近江国	三尾城	(推定)滋賀県高島市	(未判明)	天武元年(672)7月22日条
	筑前国	怡土城	福岡県糸島市	石塁・土塁・城門・望楼・建物跡	天平勝宝8年(756)6月22日条(築城開始)神護景雲2年(768)2月28日条(完成)

かつて、文献にみえる山城を「朝鮮式山城」、みえない山城を「神籠石式山城」と呼び分けてきたが、両者の構造的な違いは明確ではなく、近年こうした区分はあまり行われていない。また、神籠石という名称は古代山城を聖域とみる立場から名づけられたものであり、遺跡の性格を現したものではないため、○○神護石という名称を○○城あるいは○○山城と改める傾向にある。

外にありえないという見解を示した。これが、学史的にも著名な「神護石論争」のはじまりである。その後はこの列石を古代山城とする説と、霊域を区画するものとする説とが鋭く対立し、大正時代には神護石はイギリスのストーンヘンジなどと類似する霊域とみて、邪馬台国の霊域とする説も現れた。この対立は1963年に、おつぼ山神護石(佐賀県武雄市)の発掘調査により列石が土塁の土止めであることが判明し、古代山城説に軍配が上がり収束する。

しかし、築造時期をめぐる論争は現代でも続いている。その争点は『書紀』に現れる古代山城よりも古いか、新しいか、同時とみるかという点である。発掘調査を行わずに地表観察のみによって得られる情報をもとに築城時期を想定しようとする場合には、他の同種の遺跡との比較を通じて、共通点と相違点を抽出し、古いか新しい

か、同時かを解明しようと試みることは考古学の一般的な方法である。もちろん、異なる特徴をもつ遺跡を比較する場合に、それぞれの時期を決定できる土器などの出土がなければ、どちらが古いとみるかは解釈論になる。つまり相違点を築城時期の違いとみるか、地域差や用途・築城した集団の違いであり時期は同じとみるかというふたとおりの解釈ができるのである。そのため、研究者はより合理的な評価を導き出すため、遺跡をさまざまな視点で分析、検討するのである。

古代山城の築城時期に関する研究も、古代山城相互の比較検討や、それぞれの山城の発掘調査成果、出土遺物の検討などを通じて、今も地道な研究が進められている。しかし、その反面、古代山城に関する解釈は、こうした地道な研究成果が十分に反映されないまま、評価だけが先走ってしまっている感がある。

『日本書紀』の記述と考古学的な評価

『書紀』の記載は、推古紀あたりから具体性を増し、その信用度も高まるといわれている。もちろん、『書紀』の完成は養老4年（720）であるし、国家の正史であるという性格上、政治的な意図により、随所に史実の改変などの情報操作がなされているが、推古朝以降の出来事や時代の流れについては大過ないとみられる。

そのことを前提として、白村江の敗戦以後の記事をみると唐・新羅との緊張関係は、天智7年（668）9月12日に新羅使がやってきたことにより、解消へと向かっているように思われる。この頃、新羅は高句麗の故地の支配権をめぐり唐と対立していた。そうした中、新羅から日本へ派遣された使者は、日本との講和を目的としていたと考えられている。そして、天智10年には唐の使節が大船団を率いて筑紫に来るが、来日目的は白村江の戦いで捕虜となった人々を送還するためであった可能性が高く、唐との緊張関係もこの

頃には解消していたと考えられている。つまり、『書紀』の一連の記事から、白村江の敗戦後の倭国と唐・新羅との間の緊張関係は天智10年には解消されたという流れが読み取れるのである。

一方、古代山城築城年代の下限については、

①備後国の常城と茨城が養老3年（719）12月15日に廃止されていること。

②奈良時代以降には天平勝宝8年（756）に築城が開始された怡土城以外の山城の築城記事が認められないこと。

③大宝元年（701）に施行された『大宝律令』には、古代山城に関連する規定が認められないこと。

という3つの理由から、少なくとも7世紀代には収まるとみられ、国際的な緊張関係が継続している天智10年以前とする見方も強い。また、年代の上限についてはいくつかの解釈が提示されているが、有力な説は次の2つに絞られる。

①『書紀』斉明4年（658）是歳条にみえる「城柵を繕脩ひ、山川を断ち塞ぐ兆なりといふる」という記事を築城の契機とする見方。

②『書紀』天智3年是歳条の水城築城にはじまる白村江の敗戦を契機とする国防政策の開始に求める見方。

①の記事は百済滅亡を予兆する記事の中にみえるものであるが、これを百済救援のために西下した斉明天皇の行動に関連して読むことにより、九州北部に城を築いたことを指すという解釈が示されている。そして、この城こそが、『書紀』に名がみえない古代山城だと評価するのである。つまり①の史料を重視する立場だと、まず『書紀』に名がみえない古代山城が築かれ、白村江の敗戦以後に大野城などが築かれたとなる。しかし②の見方では、大野城などが先に造られ、『書紀』に名がみえない古代山城はそれらと同時か遅れて築城されたということになる。つまり、史料の解釈により、実際

の遺跡の築城年代や順序が異なるという現象が起こる。

　また、これらの古代山城の分布をみると、駅路と呼ばれる都を起点として全国に張りめぐらされた古代官道沿いに分布している例も多いと指摘されている（図15）。こうした一連の解釈をつなぎ合わせることにより、次のような考え方が提示されている。

　白村江敗戦後、日本は唐・新羅連合軍の来襲に備え、大宰府を防衛するために水城や大野城、基肄城を築くとともに、その想定される侵攻ルート沿いである九州北部や瀬戸内海沿岸の交通の要所に複数の古代山城を築いた（あるいは、朝鮮半島の動乱を受けて斉明天皇の時代に九州北部を中心に軍事基地としての古代山城が造られた

図15　七道駅路

東海道、東山道、北陸道、山陰道、山陽道、南海道、西海道の七路線からなり、西海道が大宰府を起点としているのを除くと他の路線は都を起点としている。全国各地で発掘調査が行われており、直進性を強く意識していることや、幅が10ｍを超えるものが多いことなど、路線や構造上の特徴が明らかにされている。ただし、『書紀』には駅路を造ったという記事はみられず、いつ、どういった目的で造られたかについては、天智朝に軍用道路として造られたという説と、天武朝に条里の施工や地方官衙の設置などの律令支配体制の確立の一環として造られたという説とが対立している。

が、白村江での大敗を受けて唐・新羅連合軍の来襲に備え新たに水城や古代山城を築き、防御態勢の強化を行った)。これらの古代山城は駅路と呼ばれる軍用道路によって都と結ばれていたとする考えである。

　この説は『書紀』の記載と実際の遺跡とを結びつけて、白村江敗戦以後の日本の様子を見事に復元したようにみえ、相応の説得力があるため、比較的多くの研究者に支持されている。しかしじつは、この解釈は『書紀』の落とし穴にはまってしまっているのである。

通説への疑問

　まず、先の説を文献史料の記述から検証してみよう。古代山城を唐・新羅連合軍の来襲に備えた国防のための施設とする見方であるが、水城にせよ大野城にせよ、国防のための施設とは『書紀』には記されていない。ただ、築城記事が白村江敗戦後の唐・新羅との緊張関係の中で現れていること、そして長門の城、大野城、基肄城が百済の官位をもつ渡来人が派遣され造られていることから導き出された解釈である。

　そしてこの解釈は大野城、基肄城の構造が百済の山城と類似していることや、『書紀』持統4年（690）10月22日条に、白村江の戦いで捕虜となったとされた人物が帰国し、天皇から賞賛されているが、その記事の中に唐の人の謀（はかりごと）を聞き、祖国の危機を知ったこの人物が我が身を売って、仲間を帰国させる旅費に充てたとあることから、唐の倭国侵攻計画が事実であったことがわかることなどにより補強されている。また、前章で紹介したように『日本霊異記』には、白村江の戦いから命からがら帰国した大領の話が掲載されるなど、多くの日本人が捕虜となったことをうかがわせる話もある。こうしたことも、白村江の敗戦以後に国防政策が執られ、その一環として古代山城が造られたという解釈に結びついている。

ただし、記録に表れない16城を含むすべての古代山城を天智朝に国防のために造られたという解釈は問題をはらんでいる。先にみたように、この解釈はすべての古代山城の成立の契機を国際的な緊張関係に求めるという前提によっており、その上で『書紀』の記述の中に築城の契機を求めるという立場から示された見解である。そして、そこには古代山城個々の発掘調査で得られた成果をはじめとする考古学的な知見はさほど考慮されていない。一見すると考古学的な成果のようにみえる古代山城の分布論についても、すべての古代山城の築城理由を一律のものとしてとらえた上で、それぞれの古代山城に認められる差異を考慮せず、単純に位置だけを地図上で示したものであり、考古学的な研究成果が反映されているとはいえない。

3. 考古学から古代山城をみる

古代山城の築城時期を考える

　先のような解釈がなされている原因は、古代山城の築城時期が考古学的に明らかにされていない点にある。通常、考古学では出土した土器の形を分析し、その先後関係を明らかにすることによって年代を測る「ものさし」としているのであるが、ものさしの目盛りはせいぜい20〜30年程度である。また、古代では『書紀』などの史料に築造時期が記されている遺跡から出土した遺物に史料の記載通りの年代を与え、それを定点として前後の遺物に年代を与えるという方法をとる場合が多いため、文献史料から築造時期が知られる遺跡から出土した遺物の年代は十分な検証がなされていないという事情もある。

　さらに、古代山城では土器がまとまって出土する事例自体が乏しく、山城ごとの年代を決定しづらいという状況にある。そのため、

その築造年代はどうしても文献史料の記述や時代背景に引きずられやすいという傾向にある。

列石と門の形状を分析する

 古代山城を特徴づけているのは、長大な列石と土塁・石塁、城門である。これらの諸施設は、ある程度の共通性をもちながら、山城ごとに差異が認められる。この差異こそが古代山城の築城時期差を示している可能性があり、こうした視点で古代山城の築城順序を復元しようとする研究も進められている。ここからはそうした研究成果を取り入れながら、話を進めることとする（図16）。

 列石と土塁・石塁については、ほぼすべての古代山城に共通する点が認められる。それは、山地に築かれているにもかかわらず、列石は地形に沿って緩やかに屈曲するのではなく、直線を基本とし、屈折を繰り返すことによって地形に沿わせており、山城全体を俯瞰すると幾何学的な平面形となっていることである。また、一部の古代山城では縄張り（設計）に使用された尺度が共通することも確認されている。こうした共通性は、古代山城が地域単位で独自に造られたものではなく、当時の国家による強い関与のもと築城された、さらにいえば政策的に築城させた一群であることを示している（図17）。

 一方、列石を詳細に観察すると、折れの部分が角度をもって屈折するものと、湾曲して隅丸傾向を示すものとがあり、この相違は時期差による可能性がある。また、こうした列石は、じつは古代山城で最初に採用されたものではなく、斉明2年（656）是歳条にみえる両槻宮に比定されている酒船石遺跡が日本における初見である。この遺跡は酒船石の所在する丘陵に版築工法を用いて盛り土をした後に、切り土により数段のテラス面を造成し、さらに、そこに石英閃緑岩を並べ、その上に天理砂岩の切石を7〜8段積んで構築され

ている。列石は、直線と折れを基本としており、発掘調査により7世紀後半に列石が改修されていることが判明したことや、『書紀』の記載と合致することから、斉明2年に構築年代の一端が置かれている。(相原 2004)。つまり、直線と折れによる列石を伴う施設は白村江の戦い以前にも存在しており、それは折れの部分が角度をもって屈折していることがわかる。このことから古代山城でも角度をもって屈折するものが時期的に先行する可能性が高いということになる。

次に門であるが、門の扉の軸受けとなる唐居敷（からいしき）と呼ばれる石を有する古代山城が複数認められている（図18）。特に鬼ノ城（きじょう）、讃岐

図16　御所ヶ谷城

谷をせき止めて造られた城門。花崗岩を直方体に丁寧に加工し積み上げている。高さ7.5m。前面は二段に築かれ、上段は5m、下段は2.5m。下段に排水溝を設けて水門を突出させている。技術的にも最も完成された形の城門とみられる。

図17　鬼ノ城の列石

山の斜面が特に急になる南東〜東部の城壁は、列石に細かな屈折が認められる。この屈折の間隔を計測すると、高麗尺に起源をもつ1尺約35.5cmの大尺を基準としていることがわかった。大尺は律令では土地を測る場合に使用されることとされていたが、713年に廃止され、1尺は約29.6cmの小尺に統一された。

城山城、播磨城山城の唐居敷の形状は大変よく似ており、時期と築城技術が同一であったことを物語っている。また、大野城大宰府口の城門では、斉明元年に造られた川原宮の門に伴う唐居敷の可能性があるものと同様の形状、すなわち円柱の刳り込みと扉を受けるために両側に立てる小柱である方立(ほうだて)と軸摺穴を設けたものがみつかっている。これは角柱の刳り込みの横に方立と軸摺穴を設けた鬼ノ城などよりも先行すると考えられる。

図18 大野城の唐居敷
通常、門扉の軸受けは木製であったと考えられる。唐居敷は宮などの格式が高い施設の門に利用されるものである。

古代山城の築造順序

ここまで紹介したように、古代山城の構造を詳しくみていくと、時期差と考えられる違いがあることに気づく。つまり、列石の平面形態は幾何学的なものから屈折部が丸みを帯びるものへ、そして門の唐居敷の形態も飛鳥川原宮に類似するものから、しだいに簡素化していくという傾向がみられる。こうした変化の流れから稲田孝司(いなだたかし)は古代山城を以下の3段階に区分している（稲田 2012）。

第1段階　金田城、大野城、屋島城（基肄城・高安城は未確定）
第2段階　鞠智城、鬼ノ城、讃岐城山城(きやま)、阿志岐山城(あしき)、雷山城、御所ヶ谷城(ごしょがたに)、高良山城、石城山城(いわきさん)
第3段階　大廻小廻城(おおめぐりこめぐり)、永納山城(えいのうさん)、女山城(ぞやま)、杷木城(はき)、おつぼ山城、帯隈山城(おぶくまやま)、鹿毛馬城(かけうま)、唐原山城(とうばる)

第1段階は、『書紀』の記載から時期を求めることもできるが、

考古学的にはもう少し幅を広げてみたほうがよさそうである。それは、列石を伴う施設の建設が斉明朝にさかのぼること、また大野城大宰府口で出土した門柱は、年輪年代測定の結果、伐採年代が648年という結果が得られていること、さらに『書紀』に記された年代が築造開始年代を示すのか、完成年代を示すのか不明であることなどによる。そうした意味では『書紀』に名前がみえる古代山城の築造開始年代も考古学的には確定していないということになる。

第2段階は鬼ノ城の発掘調査で7世紀後半から末の土器がまとまって出土していることから、ここに年代の一点を置くことができる。第3段階は、その形状からして第2段階に後出すると考えられるが、具体的に時期を示す根拠が現時点では乏しい。

4. 古代山城の性格を考える

古代山城の立地を考える

ここまでみてきたように個々の古代山城の構造から、築城時期はすべて同時ではないことは明らかである。もちろん、それは国防のために造られたことを否定するものではなく、国防のために一定期間をかけて段階的に整備されたという解釈も成り立ちうるのであって、先に示した白村江の敗戦前後の政治情勢に対する解釈の範疇でとらえることもできる。

しかし、時期ごとに古代山城の立地をみていくと、そこに大きな違いがあることに気づく。最も単純な比較として古代山城の標高をみていこう。第1・2段階の古代山城は、最も低い場所にある鞠智城でも145m、最も高い讃岐城山城では462mであるなど、その大半が標高250mを超えている。それに対し、第3段階のものは、最も高い女山城で200m、最も低い場所にあるおつぼ山城では66mに留まるなど8城中、5城が標高150m未満の丘陵に立地してい

るという明白な違いがある。さらに、第1段階に属する金田城、屋島城は海に面して立地するのに対し、第2段階以降のものは内陸部に立地する傾向がみられる。このことは、古代山城は時期により立地条件が異なることを示しており、少なくとも古代山城の築城（防御）思想や目的が時期を経るにつれて変化していることを示していると考えられる。

駅路と古代山城

　古代山城は駅路と密接な関係にあると指摘されている。具体的には古代山城は駅路を掌握するかたちで立地しているというのである（乗岡 2010）。この指摘は古代山城が駅路によって連結し、相互に関連しあいながら防御網を構成しているという解釈にもつながるもので、古代山城の性格や時期を考える上でも重要な指摘といえる。ただ、これは必ずしも事実とはいえない。それは、何をもって古代山城と駅路が近接しているとみなすのかという点がきわめて曖昧なまま、論が展開されているからである。

　たとえば、飛鳥時代から平安時代にかけて東北に築かれた城柵は、駅路に面するか駅路を城柵の区画内に取り込んでいるものが多数を占める。中世の山城でも交通の要衝に立地するとされるものは、直下に道路が通過するか、極端なものは城内に道路が通過する。つまり、城という防御施設において交通路との関係性を指摘する場合は、交通路を取り込む、交通路を直下に見下ろすなど、その関係が明白であることを条件とすべきと考えられる。それに対し、古代山城はこうした関係にあるものだけでなく、屋島城や鬼ノ城のように駅路から3〜5kmの距離を置きながらも、山城の正面が駅路側を向くものも駅路と関係していると評価されている。しかしこれは、単に駅路がみえるというだけで駅路と強く関係づけるのは過大評価と考える。つまり、駅路との関係性を指摘するのであれば、

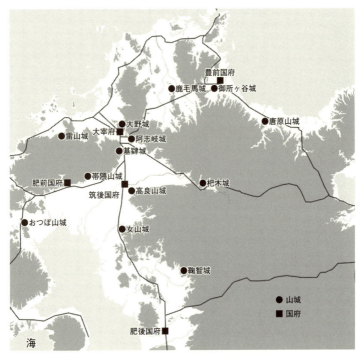

図19 九州北部の駅路と古代山城

九州北部の古代山城の分布の特徴として、有明海を取り囲むように弧状に分布していることがあげられ、唐・新羅連合軍の侵攻経路と考えられる博多湾地域の密度が低いという傾向もみられる。特に有明湾沿岸部の山城は3期のものが目立っている。

何をもって近接しているとみなすのかという点を、城柵や中・近世城館などの事例なども視野に入れた上で具体的に示す必要があるだろう。

　古代山城の中に交通路を取り込む、交通路を直下に見下ろすなどの立地条件にあるものは次の通りである。

　大廻小廻城、讃岐城山城、永納山城、阿志岐山城、おつぼ山城、帯隈山城、女山城、杷木城

　大廻小廻城は城の位置する山裾を山陽道駅路が通過している。永

納山城も西側山麓を駅路が通過し、阿志岐山城は大宰府から豊前国へと向かう駅路を見下ろすとともに、大野城、基肄城、水城とともに大宰府を取り囲みトライアングルを形成している。おつぼ山城は肥前国府から島原半島へ向かう駅路が東山麓を通過、帯隈山城は大宰府から肥前に向かう駅路、女山城は大宰府から肥後へと向かう駅路をそれぞれ見下ろすように立地している。また、杷木城は筑後から豊後へ向かう駅路と筑後川に挟まれた古くからの交通の要衝に位置している（図19）。讃岐城山城は南麓を南海道駅路が通過するが、城門の位置などから瀬戸内海や後に讃岐国府が置かれる東側の平野を意識しているようである。

こうしてみると駅路を見下ろす立地にある8城のうち、第3段階のものが6城を占めていることがわかる。また、これらの中には駅路からみえる部分にのみ限って列石を設けるものがある。それは、阿志岐山城、おつぼ山城、女山城の3城であり、これに鹿毛馬城と唐原山城が加わる。鹿毛馬城は、周辺の駅路の通過位置が不明であり、唐原山城は駅路の通過地点から1.5kmほど内陸にあるが、ともに第3段階の山城である。仮にこの2つの山城も駅路との関係を想定すれば、第3段階の山城8城すべてが駅路との関係が想定できることになる。つまり、古代山城が駅路と関係をもつようになるのは第3段階からである可能性が高いということになる。

駅路の敷設時期と第3段階の古代山城

第3段階の山城の特徴としてまっすぐで幅広の駅路との密接な関係があげられるのならば、第3段階の山城の築城時期はそうした駅路の敷設時期と同時かそれ以降となるということになる。駅路から作道時期を示す土器がほとんど出土しないため考古学的に年代を決定することは難しい。しかし、『書紀』の記載を少し違った角度からみると、その敷設時期に関するヒントがみえてくる。

表4　古代の通信速度

元号	到着 年	到着 月	到着 日	到着地	期間	都の対応 月	都の対応 日	都の対応 事柄	期間	入京等 年	入京等 月	入京等 日	備　考	時間
斉明	6	1	1	筑紫						6	5	8	高麗使難波へ到着	
斉明	7	10	7	筑紫					17	7	10	23	崩御した斉明天皇の棺が海路を利用して難波へ到着。筑紫から難波への船での日数	
天智	4	9	23	筑紫				筑紫で饗応	50	4	11	13	劉徳高（9月20日筑紫・22日文書渡す）、日数は使者の往復日数と都での審議期間か？	
天智	7	9	12	筑紫					15	7	9	26	新羅の金東厳、進調。9月26/29新羅に船を送る。「大職冠伝」の記載からして情報を受けた鎌足が、船を送ることを即断したと考えられる。天智朝における筑紫～近江間の最短日数。	
天武	2	閏6	8	筑紫					70	2	8	25	耽羅王子久麻芸。帰国命令	
天武	2	閏6	8	筑紫		8	25	都へ召す	17	2	9	28	新羅　金承元	
天武	4	8	1	筑紫					57	4	9	27	耽羅　調使王子久麻伎。難波で饗応。1.5往復分の日数か。筑紫→飛鳥・飛鳥→筑紫・筑紫→難波	
天武	10	10	20	筑紫		12	10	川辺臣子首筑紫派遣					新羅　金忠平。1月11日に筑紫で饗応	
天武	14	11	27	筑紫		4	13	雅楽を筑紫へ		15	5	29	新羅　金智祥。5月29日筑紫で饗応	
持統	2	8	25	筑紫					29	2	9	23	耽羅・加羅。筑紫で饗応。筑紫到着から都からの指示が到着するまでの期間。筑紫と都での往復に都における審議期間に饗応までの準備期間を加えた日数。	
持統	3	4	20	筑紫		5	22	新羅使叱責			6	24		
持統	4	9	13	筑紫		10	15	饗応の仕方を指示						
文武	元	10	28	筑紫	13	11	11	陸路と海路から出迎え	40	2	1	1	元日朝賀に参列。筑紫到着から出迎えの使者派遣までの日数わかる記述	a
文武	4	11	8						32	元	1	1	元日朝賀に参列	
大宝	3	1	9						3	閏4	1		難波において饗応	
慶雲	2	10	30		14	11	13	騎兵を招集	44	2	12	27	入京。筑紫到着から出迎えの使者派遣までの日数がわかる記述	b

到着				到着地	期間	都の対応			期間	入京等			備考	時間
元号	年	月	日			月	日	事柄		年	月	日		
和銅	2					3	15	陸路と海路から出迎え	65	2	5	20		
	7	11	11	筑紫	⑤	11	15	使者・騎兵派遣	41	7	12	26	11月11日は都への情報到達日。都への情報到達から出迎えの使者派遣までの日数がわかる記録	c

筑紫と都間の情報伝達に要する時間＝a若しくはb-c＝8〜9日（a：13日　b：14日　c：5日）

使者到着から饗応までの日数4〜5日（持統6年11月の新羅使の例など）

※上記から、筑紫に到着した使者が饗応を受けるまでの日数は8〜9×2（往復日数）＋5（審議日数）＋4〜5（饗応準備）＝25〜28日

通信速度については律令で定められており、緊急の使者は一日10駅（160km）を移動することとされ、それに違反すると罰則が科せられた。しかし、実際の通信速度は、情報の内容により速度が大きく異なり、軍事に係る情報が最速で、外交は使節の人数やその時の国際情勢により大きく異なっている。

　律令制では駅路とは緊急通信用に利用すると定められており、その移動速度も律令で細かく規定されている。そして、『続紀』の記事を検討していくと、情報の質によってそれを伝える使者の移動の速度が違っていたこともわかる。

　たとえば軍事に関わる情報伝達は最速で伝えられ、その速度は大宰府と平城京の間の約650kmを片道5日ほどである。それに対し、単なる外交使節の到来であれば、大宰府から平城京間で往復21〜23日程度となる場合が多い。この間には使者の往来日数だけでなく、使者を入京させるか否かを都で審議する期間と、返事を届ける使者の出発準備期間である5日程度が含まれているので、純粋に使者の往来に要した時間は片道8〜9日となる（近江 2016）。これと同様の速度での移動が『書紀』の記載の中で、はじめて確認されるのが持統2年（688）8月25日に大宰府に来た耽羅（たんら）（済州島）の使節である。この使節は同年9月23日に筑紫で饗応を受けている。つまり、使者到着→都へ報告→審議→大宰府への命令→饗応が約1カ月の間に行われているのである。饗応は使者到着から5日程

度の準備の後に行われている例が確認できているので、到着から饗応までの29日間から都での審議期間5日と筑紫での饗応の準備期間の5日を差し引いた19日間が使者の往来に要した期間ということになる。そして、以後はこの速度が定着している。このことから、奈良時代の情報伝達システムは、天武末年から持統初年にかけて成立したということになる（表4）。ちなみに白村江の敗戦後に新羅から倭国との国交回復のために派遣された使者は、天智7年（668）9月12日に大宰府に到着するがその情報が大津宮に届くまで15日程度を要している。[(2)]

　もちろん、これは情報伝達速度の話であり、まっすぐで幅広な駅路の成立時期を直接示すものではない。しかし、少なくとも奈良時代以降の駅路の重要な利用目的が緊急通信にあったことからすると、駅路敷設当初にも同様の利用目的があったと考えられ、情報伝達速度の変化がまっすぐで幅広な駅路の敷設と強く関係している可能性がある。そうしたことから、駅路と関連性が認められる第3段階の古代山城の築造が天武末年まで下る可能性が指摘できよう。

第1、2段階の古代山城

　第3段階の古代山城が駅路との関係性が強いのに対し、第1段階の山城である大野城は大宰府を見下ろす位置にあり、金田城、屋島城は海に突き出した山地に立地するという特徴がある。また、第2段階の山城の多くは、讃岐城山城が瀬戸内海を見下ろす位置にあるのを除くと内陸部に立地するが、第3段階のものとは異なり駅路と一定の距離を置く傾向にある。それが特に顕著なものに、石城山城がある。この山城は、当時の瀬戸内の港湾のひとつである熊毛半島にある室津（むろつ）と山陽道駅路のほぼ中間地点に位置しており、港と駅路双方から一定の距離を置いている。また、一見して駅路に近接するようにみえる御所ヶ谷城でも、城門とその東側を通過する西海道駅

図20 瀬戸内の古代山城と港湾・交通路

ここであげた港湾は『書紀』『続紀』『万葉集』などにみえる古代の港湾である。古代山城のうち、その立地から港湾との強い関係をうかがい知ることができるのは、讃岐城山城、屋島城、石城山城である。一方、瀬戸内海の水運との関係性が希薄なものには、鬼ノ城、播磨城山城があり、広島県府中市に所在した可能性が高い常城もこれに含まれる。なお、府中市には後に備後国府が置かれていることから、常城も平地部の拠点とのつながりが深い古代山城に加えることができるかもしれない。

路までの距離は1.5kmほど、西側を西海道駅路が通過する高良山城は3km以上離れている。

そして、この2つの山城と讃岐城山城、鬼ノ城は、後に国府が置かれる平野部を見下ろすよう立地しているという共通点がある。中でも讃岐国府と筑後国府については7世紀後半の段階で官衙（役所）的な施設がすでに存在したことが発掘調査の結果、明らかになっている。このことはこれらの山城が、平野部に置かれた地域拠点と一体のものとして機能していた可能性を示している（図20）。つまり、第1段階の古代山城は大宰府と航路を意識しているのに対し、第2段階では内陸部の地域拠点を意識するようになり、第3段階では駅路によって山城相互が連結するようになるというように変化しているといえよう。

5. 考古学からみた天智朝の国防政策

考古学からの検証

ここまで述べてきたように、古代山城を考古学的な立場から検討すると、

①築城時期が異なるいくつかのグループが存在すること。
②時期によって立地条件が異なること。

という点が明らかになる。つまり、『書紀』の記述の解釈からすべてを一体的なものとしてとらえるのは誤りであるということになろう。もちろん、文献史料から遺跡を評価することも解釈論のひとつであり、考古学的な評価が絶対ということを述べたいわけではなく、考古学の基本である分析を十分に行った上で、文献史学の成果との照合を行う必要があり、その検討が不十分なままに、『書紀』の記述に引きずられることがあってはならないということである。そのことを前提に、ここまで記してきた分析をもとに解釈を行うとすると、以下のような仮説を提示することができる。

古代山城の築造は、斉明～天智朝に開始された可能性がある。その要因としては、朝鮮半島の緊張による軍事機能の強化などがあげられ、白村江の敗戦もその整備の大きな要因になったと考えられる。唐・新羅との緊張関係は天智朝のうちに解消したと考えられるが、山城の築城はその後も継続されたようで、天智末年から天武朝には鬼ノ城をはじめとする第2段階の城が九州北部と瀬戸内地域に造られるようになる。これらの城は、幾何学的な平面形をとるといった共通性が認められ、また鬼ノ城などでみられる唐居敷のような技術的な共通点が複数の城に認められるものがあるなど、築城が国家主導で行われた可能性が強い。さらに、これらの城の中には後に国府が置かれる地域の拠点に造られている例もみられるなど、国

家による地方支配政策の一環であった可能性も指摘でき、築城の目的を単純に第1段階のものと同様と評価できない。

そして、天武末年以降、九州北部と瀬戸内地域に第3段階の山城が築城される。これらは、駅路によって相互に連携していた可能性がある。ただし、これらの城は駅路からみえない部分の列石を欠くなど、駅路からみせることを重視したもので、実戦の城としてどの程度の役割が期待されていたかは定かでなく、中には未完成のまま放置されたと考えられるものもある。『書紀』にはこの時期の軍事的緊張を示す記事はみられないが、天武13年（684）には、信濃への遷都が検討され、同年10月には白鳳南海地震が発生するなど、何らかの社会的不安が築城の背景にあったのかもしれない。

なお、古代山城は、一部が奈良時代以降も維持されるが、その大多数は奈良時代前半には放棄され廃絶する。

この解釈は、次の手順で行ったものである。

①古代山城は大きく3つのグループに分けられる（型式分類）

②その差異が築城時期の違いに起因すると考えられること（グループごとの属性の比較・検討）

③文献史料をもとに、最初の段階を斉明〜天智朝、最後の段階を天武末年という時期に当てはめたこと（文献史料にもとづく解釈）

①②は、考古学の方法論である型式学にもとづくものであり、③は歴史考古学の研究固有の史料解釈にもとづく時期比定によるものである。もちろん、①②の考古学的な解釈に誤りがあれば、先の解釈も有効性を失うが、こうした手順を踏むことにより、解釈に至る過程が明確化され、新たな事実が発掘調査で判明した場合には、それを取り入れ易くなる。

つまり、歴史時代の考古学では、考古・文献という質の異なる2つの史料が存在するため、それぞれの史料をどのように扱ったのか

をはじめ、結論を導き出すプロセスをしっかりと示す必要があるのである。解釈を急ぐあまり考古学的な評価を十分に行わないままに、『書紀』の記載に引きずられてしまえば、そこから復元される歴史は正しいものであるとはいえないだろう。モノから歴史を復元するという考古学の立場からすると、文字に書かれていることは多分に魅力的であるが、史料が史実のすべてを記したものではないこと、特に『書紀』という史料は、編纂過程で情報の意図的な選択や改変が加えられたものであり、そこから事実を導き出すためには慎重な史料批判が必要であり、考古学の成果も史料批判のための重要な情報となることを忘れてはならない。

コラム　災害と考古学

貞観地震

2011年3月11日に発生した東日本大震災では、世界中の人たちが自然災害の恐ろしさを目の当たりにした。多くの人たちの尊い命と、貴重な財産を奪ったこの大災害から何を学び、そして何を伝えていくのか、そのことを私たちは常に真剣に考えるべきであろう。それと同時に、過去からさまざまなことを学ぶ姿勢を失ってはならない。

東日本大震災発生後、しばしば貞観地震のことがひきあいに出された。東日本大震災は貞観11年（869）5月26日に発生したこの地震の再来といわれたのである。まずは、『日本三代実録』に記された貞観地震の被害について、その意訳を示そう。

「陸奥国で大地震が起きた。空を流れる光が夜を昼のように照らし、人々は叫び身を伏せ、立つことができなかった。ある者は家の下敷きとなって圧死し、ある者は地割れに呑まれた。驚いた牛馬は奔走し互いに踏みつけ合い、城や倉庫などが多数崩れ落ちた。雷鳴のような海鳴りが聞こえて潮が湧き上がり、川が逆流し、津波が長く連なって押し寄せ、たちまち城下に達した。内陸部まで果ても知れないほど水浸しとなり、野原も道も大海原となった。船で逃げたり山に避難したりすることができずに千人ほどが溺れ死に、田畑も人々の財産も、ほとんど何も残らな

かった」

　ここにある城、城下とは、陸奥国府である多賀城のことである。大地震により多くの建物が倒壊、その後、襲った津波によりさらに多くの犠牲者がでたというのである。まさに、東日本大震災と同じような災害が1100年前にも、東北の地を襲っていたのである。そして、仙白平野では、複数回におよぶ津波の痕跡が発掘調査でみつかっているのである。

　沓形遺跡（仙台市）では貞観地震の津波堆積物を確認し、その下層では弥生時代の水田を覆う津波堆積物がみつかった。これにより貞観地震以前にも仙台平野を大きな津波が襲っていたことがわかった。また高大瀬遺跡（岩沼市）では、慶長16年（1611）と貞観11年のものと考えられる津波堆積物がみつかっている（斎野 2017）。このように、発掘調査で津波堆積物がみつかったことにより、その時々の被災範囲が明らかになりつつある（図21）。

歴史時代の災害痕跡

　発掘調査ではじつにさまざまな災害痕跡がみつかる。噴砂の痕跡や地割れはもちろんのこと、金井東裏遺跡（群馬県渋川市）でみつかった火砕流にのみ込まれた甲冑を着けた人物、片貝家ノ下遺跡（秋田県大館市）でみつかった土石流にそのまま埋まった竪穴建物群など、その確認件数は毎年、増加している。

　こうしたさまざまな災害痕跡の中でも、文献史料に記された災害の痕跡は、その発生時期が知られるとともに、被災状況の詳細が記録されている場合もあるなど、今後の防災対策データとして活かすことができる情報を多くもっている。たとえば、先の貞観地震についても、その時の津波堆積物の分布範囲を調査すれば、この地震に伴う津波の浸水範囲が明らかになり、地震前後の多賀城の遺構を調査し、比較・検討することで、文献史料の記述の検証ができる。このように災害痕跡の検証を行い防災につなげていくことができるのも、歴史時代の考古学の特性といえる。

天武朝の地震

　『書紀』天武7年（678）12月是月条にみえる筑紫地震では、幅2丈（約6m）、長さ3,000丈余（約10km）の地割れが発生し、村々の民家

図 21 仙台平野における津波堆積物の分布と過去の津波到達範囲の推定（斎野 2017）

文献に記された地震の被害規模は誇張されている可能性がある。災害は国司から朝廷に伝えられるが、被害状況に応じて復旧のための予算措置、人的支援、税の減免などが行われる。そのため、時に被害を過大に申告する場合もあったのである。貞観地震の津波も、斎野の検討によると、多賀城までは到達していなかったようであり、多賀城の被害も大規模な建て替えを行うほどでもなかったようである。このように過去の災害記録についても実際の被災規模を明らかにするためには考古学的な検証が必要なのである。

が多数破壊され、丘が崩れた。丘の上にあった家は移動したが倒壊被害はなく家人は丘の崩壊に気づかず、夜明け後に知り驚いたという被害記録が残っている。この筑紫地震による被害の実態が、発掘調査によって明らかになってきている。

久留米市には、大宰府防衛のために造られたと考えられる上津土塁があるが、その一部が滑り落ちて8世紀後半の版築土で修復された痕跡が発見されている。このほかにも市内各所で7世紀後半頃の墳砂痕や地割れなどの地震痕跡がみつかっている。また上岩田遺跡（小郡市）では、7世紀後半の九州最古級の寺院と大型建物群がみつかっているが、金堂基壇には無数の亀裂があり、これが筑紫地震の痕跡であると考えられている。なお、この遺跡は、7世紀後半の役所跡と考えられているが、地震後に廃絶し、役所は約2km西方の小郡官衙遺跡に移転された可能性が示されている。

天武13年（684）10月14日には、筑紫地震よりもさらに大規模な地震が発生している。白鳳南海地震である。『書紀』には「山崩れ、河涌く」という液状化現象を思わせる文字がみえ、諸国の郡の官舎、百姓の倉屋、寺塔、神社など多くの建物が被災したとある。また、伊予や紀伊では温泉の湧出が止まり、土佐では津波の襲来により、田畑50余万頃（約12 km^2）が海中に没したとある。この地震による被害の痕跡は、東は静岡県、西は高知県の広い範囲でみつかっている。酒船石遺跡（明日香村）では、石積みが7世紀後半に倒壊したことが確認され、川辺遺跡（和歌山市）では、7世紀後半から8世紀初頭と推定される砂礫層の液状化現象の痕跡が認められている。

この地震は、現在、最も懸念されている東南海地震と同様のメカニズムで発生したと考えられ、白鳳南海地震のデータは、地震の規模や被災範囲の想定にも活かされている。このように、文献史料に恵まれているという歴史時代の特性を活かし、文献史学と考古学、地震学などの研究者がそれぞれの特性を活かして協業を行うことによって、今後の防災につながる重要な情報を得ることもできるのである。

註

(1) その年にあった出来事を日付を記さずに年の最後の記事として記したもの。

(2) この使者は唐・新羅の来襲を警戒していた日本にとってきわめて重要なものであり、その情報も最速で都に届けられたと考えられる。15日という期間は、正確にはこの期間は新羅使が近江宮に到着した日ではなく、内臣中臣鎌足が新羅の上臣に船を贈ることを決定した日であり、新羅使到着の報告はそれ以前にもたらされた可能性がある。ただし、『藤氏家伝』によると船を贈ろうとした鎌足をある人が戒めたとあり、また天皇から新羅王へ船を贈ったのが、その3日後の29日であるので、使者到着の報告を受けた鎌足が正式な審議を待たずに即断した可能性が高い。よって、この日数は使者の移動に要した時間に近いと考えるのが妥当であろう。なお、この頃、筑紫から難波への船での移動は最短で17日であるので、使者は陸路を利用した可能性がある。

第3章　中央集権国家と地方官衙
―地方社会からのアプローチ―

1. 中央集権体制への歩み

飛鳥・奈良時代の文献史料

　飛鳥・奈良時代の文献史料の量は限られている。これは、奈良時代に作成された文書と金石文を集成した『寧楽遺文』が3巻（上巻は総目録・政治編、中巻は宗教編・経済編上、下巻は経済編下・文学編・解説）であるのに対し、『平安遺文』が15巻、『鎌倉遺文』が50巻であることからもわかる。

　しかも、『寧楽遺文』に掲載されている史料のほとんどは、『正倉院文書』[(1)]であり、東大寺写経所の活動や、律令制に則った行政文書がほとんどである。つまり、現存する奈良時代の文献史料のほとんどは、特定の役所の活動や当時の人民支配システムの一端を示す史料なのである。また先述したように、『書紀』や『続紀』といった史書は、国家の目線での歴史やその時々の出来事を記載したものであり、編纂の過程で国家に都合のよいように、記載内容が改変されたりしている場合も多いなど、あくまでも中央からみた記録なのである。そのため、地方社会の実態を知ろうとすれば、文献史料だけでは不足であり、考古学の成果の検討が不可欠となる。

中央集権体制への歩み

　飛鳥・奈良時代を語るキーワードとして、教科書は「律令制度（国家）」という言葉をあげている。律令制度とは中央集権を実現するための統治システムのことである。その基本理念は「すべての土

地と人民は天皇の支配に服属する」であり、統治のために律（刑法）と令（行政法）という基本法典を整備した。日本の律令について教科書では次の項目に分けて説明している。

　①律令官制（中央官制と地方官制）、②身分制度、③土地制度、④租税制度、⑤司法制度。

　個々の事項についての説明は省くが、簡単にいえばこれまで豪族の私有であった土地や民を天皇のものとし、これまでさまざまな権益をもっていた豪族には、国家から官職・位階・給与を与え、律令官人とした。つまり、これまでの社会に法の網をかぶせることにより、中央集権を実現しようとしたのである（図22）。

　また、律令制度の導入にあたっては、地方の有力豪族がもつ既得権益に対し、最大限の保障をしているようである。たとえば地方の有力豪族には郡司の地位を与え、私有地は職分田（職務に対して与えられる田地）などとして制度的に位置づけることにより、一種の給与として所有することを認めたので、彼らは実質的に失うものはほとんどなかったようである。それどころか地方における地位を国家が保障してくれるという利点があった。そうした意味では、中央集権体制は古い時代の社会形態をほぼそのまま抱えこんでいたということになる。

　中央集権への歩みは、律令制度による統治を行っていた中国の隋王朝との接触をはかり、最初の身分制度である冠位十二階（推古11年〈603〉）が制定された推古天皇の時代からはじまるという見方が有力である。また、推古朝には天皇と皇族の直轄地であるミヤケの拡大などの政策もとられるなど、中央集権に向けての諸政策が行われた形跡が認められる。そして先にあげた律令制度につながる5つの政策が行われたことを示す最初の記事が、大化2年（646）春正月元日条のいわゆる「改新の詔」である。

大化の改新をめぐる問題

「改新の詔」にみえる新制度は次のとおりである。

①すべての土地と民を天皇のものとする公地公民制
②地方を国−郡という行政単位に再編する国郡制
③戸籍と計帳を作成しそれにもとづき土地を民に貸し与える班田収授
④民に租庸調という税と労役を課す制度の導入

つまり、律令制度の根幹をなす、律令官制（中央官制と地方官制）、

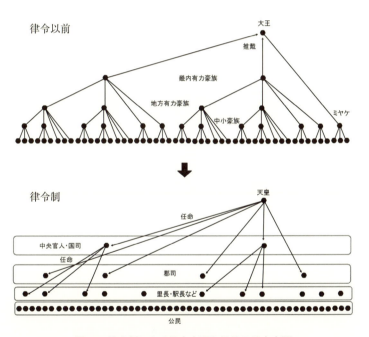

図22 律令制による地方支配と従前の地方支配

律令制の導入は既得権益に十分に配慮しながら行われたようである。地域の身分秩序は大きく変更されることはなかった。また、税制についても、それまで神へ捧げていた稲を租とし、奉仕や献上物を調庸、雑徭という名で制度化しただけのようである。ただし、制度が浸透するにつれ、新たな権益が生まれるとともに、既得権益はしだいに淘汰、解体されていった。

土地制度、租税制度が開始されたことがここに記されている。これが事実だとすれば、大化2年に後の律令制度につながる中央集権体制を確立するための重要な施策が行われたことになる。

しかし、この改新の詔については古くから論争があった。それは、ここに記されている内容が、それ以前と比べてあまりにも急進的であり、詔の内容や文言が大宝元年（701）に施行される大宝律令の条文とも類似していることなどから、この詔が本当にこの時期に出されたものか否か、について研究者の間で意見が分かれたのである（野村 1973）。

一方は、改新の詔は大宝律令の文言に併せた修文が行われているが、内容そのものは事実であるという見方で、もう一方は、この詔そのものを『書紀』編纂時の潤色で、虚飾であるとする見方である。もちろん、事実とする研究者も、全面的に認める立場から一部に事実が含まれているとする立場まで、その程度には大きな開きがある。

余談になるが、戦前、戦中の歴史学は『書紀』の記載は史実を伝えていることを前提に進められてきた。天皇の正当性、絶対性を表すことに主眼を置いて編纂された『書紀』は、戦前の教育において天皇を中心とする挙国一致体制を作りあげるための精神的な柱としても扱われ、その内容を疑うことは許されなかった。戦後になり言論と研究の自由が認められるようになると、『書紀』の内容を学術的な視点で見直そうという動きが表れた。改新の詔の真偽をめぐる論争も、そうした新しい研究の流れの中で起こったのである。

2. 出土文字史料からのアプローチ

郡評論争
（ぐんぴょうろんそう）

改新の詔の真偽をめぐる論争のきっかけとなったのは、「郡評論

争」である。これは改新の詔では国の下の行政単位を「郡」と表現しているが、それが大化 2 年当時の表記か、後世の知識による書き換えかをめぐって繰り広げられた論争である。1940 年代までは『書紀』は若干の潤色はあったとしても、概ね信用できるという意見が支配的であり、改新の詔も原文そのままの文章であるという見方が有力であった。

 それに対し、那須国造碑(こくぞうひ)には国の下の行政単位を「郡」ではなく「評(ひょう・こおり)」と表記していることなどから、改新の詔は「郡」が設置されたことが確実な大宝律令の文言により相当の潤色がなされているという指摘が、井上光貞(いのうえみつさだ)によりなされた（井上 1951）。

 そして、この論争は多くの研究者を巻き込み改新の詔の他の条文も含めた真偽をめぐる論争へと拡大し、それが後の大化の改新否定論や『書紀』の全体の信憑性を疑う見解にもつながっていく。あたかも『書紀』の記述を絶対視する（せざるをえない）過去の呪縛から解き放たれたかのように、論争は加熱したのである。しかし、本章の冒頭で述べたように、飛鳥時代の文字史料はきわめて少ない。そのためこの論争も、限られた文字史料をいかに解釈するかという問題に行き着いてしまい、文献史学の研究のみでは決着の糸口すらみえない状況に陥ってしまった。

 そうした中、この論争に決着をつけたのは、1967 年に行われた藤原宮の発掘調査である。この調査で出土した木簡の中に「己亥年(きがい)十月上捄国阿波評松里□(かずさのくに)」と書かれたものがあった。この木簡は都に送られた荷物につけられた荷札であり、年月の次には、国の名、郡の名が続くのだが、上捄（上総）国の次には阿波郡ではなく阿波「評」と記されている。己亥年は 699 年で大宝律令制定以前。つまり、この木簡が記された時点の国の下の行政組織は「評」であることがわかったのである。さらに、その後の発掘調査で出土した木簡は、大宝律令が制定された 701 年を境に、以前は「評」、以後が

「郡」と表記されていることが明白になった。それによって「郡評論争」は決着し、改新の詔は『書紀』が編纂された時点での現行法であった大宝律令により修飾されていることが明らかになったのである。文献史学による長い論争が考古学の成果により決着をみたのである。

しかし、先述したように、改新の詔が修飾されているからといって、ここに示された諸改革がまったく行われなかったと断定はできず、これがどこまで事実を伝えているかという論争は現在も続いている。このことについても考古学からのアプローチ、つまり「土中に眠る情報」が重要な鍵を握っているのである。

地方行政システムの整備を示す木簡

改新の詔にある諸制度は遅くとも大宝律令の制定の頃には実行されている。そして、これらの制度の導入がいつ頃までさかのぼるかという問題にヒントを与えてくれるのが、木簡に代表される出土文字史料である。改新の詔の柱のひとつ、国郡制につながる地方行政システムの導入時期に関する問題は、「国」「評」などの文字がいつから木簡に記されるかということから推測することができる。

2017年時点で「国」「評」の文字がみえる最も古い木簡は、石神遺跡（奈良県明日香村）出土のものである。

（表）乙丑年十二月三野国ム下評

（裏）大山五十戸造ム下ア知ツ

　　　従人田ア児安

乙丑年とは天智4年（665）と考えられ、ムは「牟」、アは「部」、ツは「津」の略字なので、表面には665年美濃国牟下（武義）評、裏面には大山五十戸造（大山サトの代表者）である牟下部知津という人名、田部児安という人名が書かれていることがわかる。五十戸とは律令制による「里」に相当する行政単位で、文字通り五十戸

をもって行政単位としたことに由来している。

木簡の上下に切り込みがあることからこの木簡は荷札木簡(つけふだ)であり、大山五十戸から都へ税として送られた荷につけられていたものであることがわかる。そして、この木簡から天智4年には国-評-五十戸からなる地方行政システムが少なくとも、美濃国牟下(武義)評では整っていたことが判明するとともに、五十戸造という五十戸の行政に携わる者が存在したこともわかった。つまり、『書紀』に記された最初の法令である飛鳥浄原令(あすかきよみはらりょう)が成立する持統3年(689)以前に、一部の地域では地方行政システムが整備されていたのである。

なお、国司の成立は『書紀』によると大化2年(646)に東国国司に任じられた穂積咋(ほづみのくい)が最初であるが、国司の存在を想定させる出土文字史料は観音寺遺跡(かんのんじ)(徳島市)から出土した「板野国守」と書かれた7世紀末のものが現在までのところ最古である。

郡評論争に決着をつけた出土文字史料は、中央集権体制の成立時期をめぐる諸問題解決に向けての糸口を握っているのである。

3. 地方支配システムと地方官衙

律令制による地方行政システム

中央集権体制の成立を考えるためには、支配する中央の視点からだけでなく、支配された地方の視点からの検討も必要である。それは、中央からだけの視点だと制度の成立はみえるが、地方からの視点がないと制度の浸透がわからないからである。中央集権体制とは、制度ができあがるだけでなく、地方に浸透してはじめて成立したといえる。そして支配された側の視点から中央集権体制の成立を考えるうえで注目される遺跡が、地方官衙(かんが)である。官衙とは役所のことであり、地方行政を担う役所がいつ頃、置かれたのかが、中央

集権制度の地方への浸透を知るために重要なのである。地方官衙成立の問題に入る前に、まずは、地方官衙にはどのようなものがあるのかという点も含めて、律令制による地方行政システムについて紹介しよう。

　一口に地方官衙といっても、大宝律令成立後の地方官衙は、じつに多様である。国の役所である国府、郡役所である郡家（郡衙）が代表的なものであるが、前章で述べた古代山城や陸奥国の経営のために置かれた城柵、駅路にそって 16 km ごとに置かれた駅家なども地方官衙である。律令による中央集権を実現するためには、それだけの多種多様な役所が必要とされたのである。ただし、これらの官衙すべてが同時に整えられていたわけではない。後に述べるように、国府など地方行政を担う地方官衙は国家にとって重要な地点から段階的に整備されていったと考えられ、飛鳥浄御原令の制定から大宝律令の完成に前後して、全国に設置されたと考えられている。次に、律令制にもとづく地方システムの変遷についてみていこう。

　大宝律令の制定により地方は、これまでの国－評－五十戸から国－郡－里の三段階の行政組織に改められた。これを郡里制と呼ぶ。郡里制は、霊亀3年（717）に里を郷に改め、郷の下に2～3の里を置く郷里制に、天平12年（740）頃には、里が廃止され郡郷制へと変わっている（岸俊男が文献史料から論証）。このように、郡の下の行政単位である里・郷は、奈良時代の中で変化するが、五十戸を基本とする行政単位と、国－郡（評）といった枠組みは基本的には変わらない。

　また、律令では諸国に中央から国司が派遣されることになっていた。国司は守・介・掾・目の四等官からなり（職員令により規定）、それに加え3名の史生（書記官）が中央から派遣されていた。国司は律令で規定された行政をそれぞれの任国で行う責任者であり、そのために必要な権限が与えられていた。国司が地方行政を

行う施設が置かれた場所が国府であり、そこは都の出先機関ともいえる場であった。

一方、郡では地元の有力者が郡司に任命された（選叙令など）。郡司は大領、少領、主計、主帳の四等官からなる（職員令）。郡司は郡の行政を行うために必要な者（郡雑任）を地元民の中から一定の人数任命し、郡の行政を司った（中村 2014）。郡司の職掌は、基本的には国司と同様であるが、徴税や勧農など民政に重きが置かれ、軍事や宗教に関することは律令の規定にはない。里には、地元の有力者の中から里長（里が郷に改められると郷長）が任命され、行政実務を担っていた（戸令、図23）。

続いて、律令制度が確立した後の国府と郡衙の基本構造についてみていくこととする。

国府の構造

国府の諸施設には、国庁、曹司、館などがある。かつて、国府は平城京のように道路によって整然と区画された方八町程度の街区をもつと考えられていたが、発掘調査の進展によりそのような街区は基本的には存在せず、一定の空間の中にさまざまな施設が分散して置かれていることが明らかになった（図24）。

国庁は国府の中心施設であり、国司が政務や儀式を行う場として利用された。中央に正殿と呼ばれるひときわ立派な建物を置き、その左右に脇殿を置き、それらを塀で囲むのが通常の形態である。元日には、国司は配下の郡司らを率いて、庁に向かって朝拝することとされており（儀政令）、この儀式は都における朝賀と同様である。また、国府は各国における都として扱われたようで、国庁の建物配置は平城京に習っており、国による規模の違いはあるが、構造の違いはさほど認められない（図25、表5）。

曹司は、その国の行政を行うための庁舎で、国庁の外側に置かれ

国司 中央から派遣

守	祠社のこと、戸口の簿帳、百姓を字養すること、農桑を勧課すること、所部を察すること、貢挙、孝義、田宅、良賤、訴訟、租調、倉役、徭役、兵士、器仗、鼓吹、郵駅、伝馬、
介	烽候、城牧、過所、公私の馬牛、闌遺の雑物のこと、及び、寺、僧尼の名籍のこと。
掾	内を糺判すること、文案を審署し、稽失の当否について判断し、非違を察すること
目	命令を授かって記録し、文案を勘署し、稽失を検出し、公文を読みあげること。
史生	公文書を繕い写し、文案を整理・作成し、四部官の署名を得ること

郡司 地元の有力者を任命

大領	所部を撫養すること、郡のことを検察すること
少領	
主政	郡内を糺判すること、文案を審署し、稽失の当否について判断し、非違を察すること。
主帳	授かった命令を記録し、文案を勘署し、稽失を検出し、公文を読みあげること

郡雑任 地元の成人男子を採用

案主	文書起案・雑事管理	造紙丁	紙の製作	伝馬長	伝馬の管理・運営
書生	文書清書	採松丁	松明づくり	徴税丁	租・出挙の徴収		
鑰取	鍵の管理	炭焼丁	炭づくり	調長	調の徴収	税長	正税の管理
厨長	厨房の長	採薬丁	薬づくり	服長	機織りの管理	駅使舗設丁	駅使の接待
駆使	厨房の雑用	芻丁	まぐさ作り	庸長	庸の徴収		
器作	器具の製作	伝使舗設丁	伝使の接待	庸米長	庸米の管理		

里 50戸単位

里長	戸口を検校し、農桑を課し植えさせること。非違を禁察し、賦役を催し使役すること
保長	以て相互に検察させること。非違をなすことのないこと。もし、遠くの来客が宿留することがあり、また、保内の人が行詣する所があるならば、いずれも、同保に話して知らしめること。
戸主	家長

図23 律令制による地方支配システム

郡の職員構成については、弘仁13年閏9月20日の太政官符から職掌と人数が判明する。彼らは、庸調などの税が免除されたが、基本的に無給であった。それは里長や駅長、烽長など地元民から任命される者も同様であり、朝廷から任命される者以外の労働は制度的には税の一部と整理されていた。

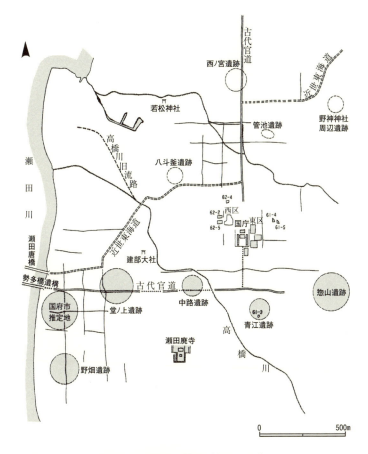

図 24　近江国府の構造（金田 1995）

国庁跡、惣山遺跡、青江遺跡、中路遺跡からなる。国庁は外郭と築地で囲まれた内郭の二重構造で、内郭の政庁区では正殿、後殿、脇殿が確認されている。惣山遺跡は国庁跡の南東約 500 m に位置する 12 棟の倉庫群であり、青江遺跡は国庁跡の南門跡から南へ約 300 m の地点、丘陵の平坦部に立地し、築地に囲まれた中に掘立柱から礎石建物へ建て替えられた 3 時期の建物跡が発掘されており、重要な曹司の一つと考えられている。青江遺跡の西北にある中路遺跡からは、東山道に面した造成地もみつかっており、関所のような役割をした曹司だった可能性も考えられている。このように国府は、国庁を中心として、さまざまな曹司が建ち並ぶ都市であった。

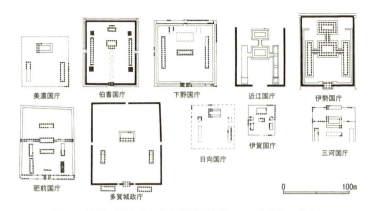

図25 諸国の国庁（奈良文化財研究所 2004 をもとに作成）
国府の規模は国の規模にほぼ比例する。律令国家は諸国を大・上・中・下・小国の5段階に区分していたが、国の等級が大きいほど、国府の規模も大きくなる傾向にある。

た。行政実務を行う空間であり、所管する事務ごとに施設を設けるために、国府内には複数の曹司があった。文書事務を行う曹司からは墨書土器や硯などが出土する例が多く、出土文字史料の内容からその性格が判明する例もある。また、鹿の子遺跡（茨城県石岡市）のように鉄製品の生産などを所管した曹司もあり、それらは工房を伴っている。国府は生産の場でもあり、鉄器生産のほかにも漆工房などさまざまな手工業生産を所管する工房群を有していた。

館は国司の宿舎であり、中央から派遣された国府の役人が居住した施設である。『万葉集』に掲載されている大伴家持らの歌からは、館が饗応の場として頻繁に利用されている様子がうかがわれる[5]。発掘調査では、溝や塀によって区画された施設の中に国司が居住したと考えられる巨大な掘立柱建物があり、さらに区画内から饗応などで使用されたと考えられる国産陶器や輸入陶磁器がまとまって出土することによって、館と推定される場合が多い。また、10世紀になると国庁が衰退する代わりに館が巨大化し、国府における政務の

表5 諸国の国府所在地

NO.	区分	国名	等級	国府所在地	現在地名
1		山城	上国	河陽離宮(かやりきゅう)	京都府乙訓郡大山崎町
2		大和	大国	高市郡(たけち)	奈良県高市郡高取町
3	畿内	河内	大国	志紀郡(しき)	大阪府藤井寺市惣社
4		和泉	下国	和泉郡(いずみ)	大阪府和泉市府中町
5		摂津	上国	＊西成郡(にしなり)	大阪市北区国分寺
6		伊賀	下国	阿拝郡(あべ)	三重県上野市
7		伊勢	大国	鈴鹿郡(すずか)	三重県鈴鹿市
8		志摩	下国	英虞郡(あご)	三重県阿児町国府
9		尾張	上国	中島郡(なかじま)	愛知県稲沢市国府宮
10		三河	上国	宝飯郡(ほい)	愛知県豊川市国府
11		遠江	上国	豊田郡(とよだ)	静岡県磐田市見附
12		駿河	上国	安部郡(あべ)	静岡県静岡市
13	東海道	伊豆	下国	田方郡(たかた)	静岡県三島市
14		甲斐	上国	八代郡(やつしろ)	山梨県東八代郡御坂町国衙
15		相模	上国	大住郡(おおすみ)	神奈川県平塚市四之宮
16		武蔵	大国	多磨郡(たま)	東京都府中市宮町
17		安房	中国	平群郡(へぐり)	千葉県安房郡三芳村府中
18		上総	大国	市原郡(いちはら)	千葉県市原市惣社
19		下総	大国	葛飾郡(かつしか)	千葉県市川市国府台
20		常陸	大国	茨城郡(いばらき)	茨城県石岡市総社
21		近江	大国	栗本郡(くるもと)	滋賀県大津市大江
22		美濃	上国	不破郡(ふわ)	岐阜県不破郡垂井町府中
23		飛騨	下国	大野郡(おおの)	岐阜県高山市
24	東山道	信濃	上国	筑摩郡(ちくま)	長野県上田市
25		上野	大国	群馬郡(くるま)	群馬県前橋市元総社町
26		下野	上国	都賀郡(つか)	栃木県栃木市
27		陸奥	大国	宮城郡(みやぎ)	宮城県多賀城市
28		出羽	上国	平鹿郡(ひらか)	山形県酒田市城輪
29		若狭	中国	遠敷郡(おにう)	福井県小浜市府中
30		越前	大国	丹生郡(にう)	福井県武生市国府
31		加賀	上国	能美郡(のみ)	石川県小松市古府町
32	北陸道	能登	中国	能登郡(のと)	石川県七尾市古国府
33		越中	上国	射水郡(いみず)	富山県高岡市伏木古国府
34		越後	上国	頸城郡(くびき)	新潟県上越市国府
35		佐渡	中国	雑太郡(さわだ)	新潟県佐渡市真野町
36		丹波	上国	桑田郡(くわた)	京都府船井郡八木町屋賀
37		丹後	中国	加佐郡(かさ)	京都府宮津市府中
38		但馬	上国	気多郡(けた)	兵庫県城崎郡日高町
39	山陰道	因幡	上国	法美郡(ほうみ)	鳥取県岩美郡国府町
40		伯耆	上国	久米郡(くめ)	鳥取県倉吉市国府
41		出雲	上国	意宇郡(おう)	島根県松江市
42		石見	中国	那賀郡(なか)	島根県浜田市下府
43		隠岐	下国	周吉郡(すき)	島根県隠岐郡隠岐の島町
44		播磨	大国	餝磨郡(しかま)	兵庫県姫路市
45		美作	上国	苫東郡(とまひがし)	岡山県津山市総社
46		備前	上国	御野郡(みの)	岡山県岡山市国府市場
47	山陽道	備中	上国	賀夜郡(かや)	岡山県総社市
48		備後	上国	葦田郡(あしだ)	広島県府中市元町
49		安芸	上国	安芸郡(あき)	広島県安芸郡中町
50		周防	上国	佐波郡(さば)	山口県防府市国衙

NO.	区分	国名	等級	国府所在地	現在地名
51		長門	中国	豊浦郡(とゆら)	山口県下関市長府町
52		紀伊	上国	名草郡(なくさ)	和歌山県和歌山市
53		淡路	下国	三原郡(みはら)	兵庫県南淡路市
54	南海道	阿波	上国	名東郡(なひむかし)	徳島県徳島市国府町府中
55		讃岐	上国	阿野郡(あや)	香川県坂出市府中
56		伊豫	上国	越智郡(おち)	愛媛県今治市上徳
57		土佐	中国	長岡郡(ながおか)	高知県南国市比江
58		筑前	上国	御笠郡(みかさ)	福岡県太宰府市
59		筑後	上国	御井郡(みい)	福岡県久留米市
60		豊前	上国	京都郡(みやこ)	福岡県京都郡豊津町国作/御所宮ノ下
61		豊後	上国	大分郡(おおいた)	大分市古国府
62		肥前	上国	*佐嘉郡(さか)	佐賀県佐賀郡大和町
63	西海道	肥後	大国	*飽田郡(あきた)	熊本県熊本市国府本町
64		日向	中国	*児湯郡(こゆ)	宮崎県西都市
65		大隅	中国	*桑原郡(くわはら)	鹿児島県国分市府中
66		薩摩	中国		鹿児島県川内市国分寺町
67		壱岐嶋	下国	石田郡(いしだ)	長崎県壱岐市芦辺町
68		対馬嶋	下国	下県郡(しもつあがた)	長崎県下県郡厳原町

※国府所在地『和名類聚抄』による。*印は『和名類聚抄』に記載のないもの。国の中には豊前国や備前国のように時期により場所を変えたものもあるので、その遺跡は一国に一つとは限らない。また、国府のあった場所は律令制崩壊後も地域の拠点として機能したため、現在、市街地化しているところも多く、遺跡そのものが把握されていないところもある。

　場が国庁から館に変わっていくことが知られている。
　この他にも国府には税物を収納する倉庫群、祓所と呼ばれる祭祀場、港湾施設などが伴っている。祭祀は律令により国司の所掌業務とされており、国府では都で行われる祭祀と同様の祭祀が国司の主催により行われた。その場所が祓所である(但馬国府における砂入遺跡など)。また、国府は国内の物資の集積場でもあったため、その多くは駅路沿いに置かれた。そのため陸奥国府である多賀城など海に面する国でも海岸部から離れた場所で、かつ河川交通を利用しにくい場所に国府が置かれたものも多い。そうした国では、海岸沿いに国府津と呼ばれる港湾施設を設け、陸路によって国府と連結させていた。
　さらに国府には、さまざまな施設が伴い都市的な景観をみせるものも多い。具体例をあげると出雲国府と黒田駅家(島根県出雲市)、

下総国府と井上駅家（千葉県市川市）などのように、国府に近接して駅家を置くものや、常陸国府と茨城郡家（茨城県石岡市）のように、国府と郡家が近接するもの、讃岐国府と開法寺跡（香川県坂出市）、備後国府と伝吉田寺跡（広島県府中市）、武蔵国府と多摩寺跡（東京都府中市）のように、国府造営以前からの寺院が国府域にあるものなどがある。

　このように、各地の国府は共通する特徴が多く、定型化した施設という印象が強い。そして、このような国府の成立時期は概ね8世紀前半であり、国庁の建物配置に強い共通性が認められることから、定型化国庁と呼ばれる場合がある（青木 2011）。しかし、国府の中には、出雲国府や日向国府のように発掘調査により定型化国庁の下層から、7世紀末頃の官衙がみつかる事例もあり、それらは定型化国庁以前の初期国庁と評価されることがある。この初期国庁を一部の国に限って置かれたものと考えるか、全国的に置かれたと考えるかによって、律令による地方支配システム成立過程に関する理解のしかたも変わってくる。

　初期国庁を特定の地域のみに置かれたとし、全国的な国府の設置を定型化国庁の成立時期に求める見方をとれば、定型化国庁成立以前、国司は自らの庁舎をもたず、拠点的な郡衙などを巡回して任務を遂行したという評価になる。（山中 1994）この場合は、国府成立以前の地方における行政実務は郡衙が担っていたことになり、国司の任務は郡司の監察であったという評価になる。それに対し、国府の成立を7世紀末とする立場では、中央集権的な地方支配体制の成立は大宝律令以前ということになり、国司も中央から派遣された地方行政官という立場で、地方の民を登用して行政実務を担っていたことになる（大橋 2011）。このように国府成立の問題は律令制による地方支配の在り方と密接に関わっており、今後の発掘調査の蓄積が待たれる。

郡衙の構造

郡の役所は文献史料では郡家と記載されている。郡家という記載は六国史のほかにも『弘仁格』『類聚三代格』『政事要略』にも複数みられる。しかし、これらの郡家は国府と同様、文献史料によって示している施設や範囲に幅があることから、考古学では、郡役所を構成する施設群の遺跡を指す学術用語として郡衙を用いる場合が多い。本書でも、郡の役所の遺跡及び施設そのもののことを示す場合には、「郡衙」としている。

郡衙の構成については『令集解』「儀政令」に記載がある。そこには「郡院」「倉庫院」「厨院」がみえ、「院」つまり塀などで区画された空間の中にいくつかの建物をもつ施設群からなることがわかる。そして、郡衙の内容を具体的に知ることができる文献史料が『上野国交替実録帳』（以下『実録帳』と略記）である。（表6）。

この文書には、文書作成時点で減失・破損していた施設の名が郡ごとに列挙されている。それによると、各郡の郡衙は正倉、郡庁、館、厨家からなり、郡庁には向屋、長屋、公文屋、厨などといった複数の建物が、館にも宿屋、向屋、厨、厩があったことがわかる。館は各郡にほぼ4つあり、中には郡衙本体とは別の場所にあったものも記録されている。また、『実録帳』の施設の記載が正倉から始められていることから、郡衙の最も重要な施設は正倉であったと考えられる。正倉は税として納められた米を蓄えるための施設であり、いわば郡司の職掌の中で最も重要とされた徴税に係る施設である。なお、『実録帳』に記載されている新田郡の郡衙などが発掘調査で確認され、『実録帳』の記載通りに郡庁は東西南北に「長屋」を配置する構成であったことが確認された（図26）。

なお、郡衙という限りはその成立は国郡制が成立する大宝律令以降ということになるが、それ以前にも名称は別にして、地方支配のための役所が存在した。郡衙や国府の成立を考える上では、こうし

表6　上野国交替実録帳にみえる郡衙の施設

碓氷郡	
□館	宿屋1・向屋1・副屋1・廁1
三館	宿屋1・向屋1・副屋1・廁1
四館	酒屋1・竈屋1・納屋1・□屋1
厨	
片岡郡	
正倉	西一倉1・西萱屋1・東土倉1・郡外正倉[東一板倉1・第二板倉1・中行第二倉1・南収板倉1・第二板倉1・中四板倉1
官舎	庁屋1・館屋1・宿屋1・廁1
一館	向屋1・副屋1
二館	宿屋1・副屋1・廁1・向屋1
三館	南向屋1・北副屋1・廁1
四館	宿屋1・向屋1・副屋1・廁1
甘楽郡	
正倉	北一土倉1・南一板倉1・南一土倉1・東一板倉1・西二土倉1・東二板倉1・東三板倉1・東五土倉1・西一土倉1・西二板倉1・西三板倉1
一館	宿屋1・西納屋1・向屋1
二館	宿屋1・向屋1・廁1
三館	宿屋1・向屋1・廁1
四館	宿屋1・東副屋1・南副屋1・廁1
多胡郡	
正倉	西一土倉1・西二土倉1・南一土倉1・南二土倉1・南三土倉1・南四土倉1・中一□板倉1・北一板倉1
郡庁館	宿屋1・厨屋1・西納屋1・向屋1
二館	宿屋1・向屋1・廁1
三館	納屋1・向屋1・副屋1
四館	宿屋1・納屋1・副屋1
厨家	酒屋1・備屋1・竈屋1
緑野郡	
正倉	庁屋1・北一土倉1・東二土倉1・南一土倉1・南二土倉1・南向屋1・北屋1・西屋1・北二土倉1・西二土倉1
一館	庁屋1・南向屋1・北屋1・西屋1・宿屋1・向屋1・副屋1・廁1
二館	宿屋1・副屋1・向屋1・厨家1
三館	宿屋1・向屋1・副屋1・廁1
四館	宿屋1・向屋1・副屋1・廁1
厨家	酒屋1・備屋1・竈屋1・納屋1
三館	宿屋1・向屋1・副屋1・廁1
四館	宿屋1・向屋1・副屋1・廁1
厨家	酒屋1・備屋1・竈屋1・納屋1

那波郡	
正倉院	倉17…「不注本帳並名」・東甲一倉1
郡庁1宇	向屋1・公文屋1・副屋1
一館	宿屋1・向屋1・副屋1・廁1
二館	宿屋1・向屋1・副屋1・廁1
三館	宿屋1・向屋1・副屋1・厨家1
四館	宿屋1・向屋1・副屋1・廁1
厨家	酒屋1・備屋1・竈家1・納屋1
群馬郡	
正倉2宇	南行第四甲倉1・中行第二倉1
東院5宇	中行第二板倉1・南行第一板倉1・第三甲倉1・西行第一甲倉1・中行第二倉1
雑舎6宇	庁1・掃守屋1・納屋1・厨屋1・酒屋1・備屋1
	西一甲倉1・中二板倉1・西院中三土1・西一土倉1・西三土倉1・西五土倉1・中二北倉1・東板倉1
□野院	北一板倉1・東一板倉1
八木院	北一板倉1
吾妻郡	
正倉3宇	東二土倉1・東甲倉1・北一甲倉1
三館	宿屋1・向屋1
長田院	雑舎1
伊参院	東一屋1・北一屋1・雑舎1
	東一屋1・西屋1・東一板倉1・南一屋1・掃守屋1
厨家	酒屋1・西納屋1・南備屋1・竈屋1
一館	宿屋1・副屋1・向屋1・厨屋1
四館	宿屋1・副屋1・向屋1・厨屋1
郡庁	屋1宇東屋1・公文屋1
大衆院	東一屋1・南一屋1・雑屋1
利根郡	
	東一板倉1・南一板倉1・北四萱葺屋1・郡中東一屋1・東外板倉1・郡庁1・南二板倉1
勢多郡	
正倉	郡中二板倉1・南外五板倉1・南外六板倉1・東第二板倉1・南外五板倉1・院中二板倉1・東四板倉1・北一板倉1・院中二板倉1・南外土倉1・南板倉1・西一甲倉1・西三甲倉1・西五板倉1・西七土倉1・中二板倉1・第二板倉1・第三板倉1・第四板倉1・南外北一土倉1・北板倉1・北五土倉1・北二土倉1・北三土倉1・北四土倉1・北七板倉1
	庁屋1・向屋1・副屋1
一館	宿屋1・向屋1・副屋1・厨屋1
二館	宿屋1・向屋1・副屋1・廁1

勢多郡	
三館	宿屋1・向屋1・副屋1・厩1
四館	宿屋1・向屋1・副屋1・厩1
厨家	□屋1・竃屋1

佐位郡	
正倉	中南第二板倉1・中三行第二甲倉1・中南第一板倉1・中南行甲倉1・中南二行甲倉1・中南行第一八面甲倉1・中南三行第二丸木倉1・中南三行東五倉1・第北一行丸木[　]・南第一土倉1・南第二土倉1・第三土倉1・中第四板倉1・南第五行板倉1・中南四行第一□土倉・中南四行第六土倉1・北第一板倉・北第三土倉1
郡庁雑屋4字	□屋1・向屋1・副屋1・西屋1
厨家	宿屋1

新田郡	
正倉	東第二土倉1・中第一土倉1・東第一土倉1・北第二土倉1・西第一土倉1・西第二土倉1・西□□□倉1・西第四土倉1・西第五土倉1・西第六土倉1・東第三土倉1・北第二土倉1・北第五土倉1・東第四土倉1・北第五土倉1・北第五土倉1・北第五土倉1・東第五土倉1・東第六土倉1・北第四土倉1・中行第二土倉1・中行第三土倉1

新田郡	
郡庁	東□屋1・西長屋1・南長屋1・□□□1・公文屋1・厨1
一館	宿屋1・厨屋1・副屋1
二館	宿屋1・南屋1・副屋1・厨1
四館	宿屋1・向屋1・副屋1・厨1
厨家	酒屋1・納屋1・備屋1・竃屋1

山田郡	
正倉	□□□1・第一板倉1・第二板倉1・南外板倉1・北一倉1・南第一土倉1・第四板倉1・第七板倉1・第六土倉1・□□土倉1・第五土倉1・第八土倉1
	庁屋1・西副屋1・納屋1
一館	宿屋1・向屋1・厨1・副屋1
二館	□□1・向屋1・副屋1・厩1
□□	宿屋1・向屋1・副屋1・厩1
四館	宿屋1・向屋1・副屋1・厨1
厨家	備屋1・納屋1・竃屋・酒屋1・板倉東長屋1

邑楽郡	
正倉	□□□□1・西二行板倉1・西二行板倉1・西六行板倉1・西行四板□1・西行土倉1・西四土倉1・南一土倉1・南二土倉1・西行板倉1
	庁屋1・東横屋1・西横屋1
一館	宿屋1・向屋1・副屋1・厨1
二館	□□1・備屋1・竃屋1

長元3年(1030)に上野国司が藤原家業から藤原良任へ交代する際の引き継ぎ文書の下書きであり、上野国内の役所や寺社仏閣の状況が破損と無実に分かれて詳しく記されている。無実とはなくなっているということであり、前任の国司が後任の国司に対して、こういう財産が上野国にはあったが、着任前にはもう壊れていたということを引き継ぐことによって、自らの責任ではないことを示した文書である。

た律令制以前の地方支配拠点にも着目する必要があるので、以下、そのことについて述べることとする。

4. 地方官衙の成立

ミヤケと地方支配

　地方官衙成立以前に中央が地方に設置したと考えられる施設にミヤケ（屯倉・官家）がある。その成立は古墳時代にさかのぼり、『書紀』にも複数のミヤケに関する記事がみえる（表7）。ミヤケの

図26 上野国新田郡衙の構造(太田市教育委員会 2011)
東山道が下野国に向かうルートと武蔵国に向かうルートに分岐する地点に位置する。
郡庁、正倉院の他、郡衙周辺では館の可能性がある4つの方形区画が確認されている。
『上野国交替実録帳』の記載を裏づけるさまざまな施設が発掘調査で確認されており、
郡衙の基本構造を知る上で重要な成果があげられている。

設置の契機は反乱を起こした地方豪族がその贖罪のために自主的に差し出したものや、天皇が命じて差し出させたもの、天皇の命を受けた豪族が開発したものなどさまざまである。また、推古15年(607)には「各国毎に屯倉を置く」とある。これは全国に一律にミヤケを置くことを命じたものと考えられ、天皇や皇親が全国各地に支配のための直轄地を政策的に置いたという可能性が示されている。ただ残念なことにミヤケとはどのようなものであったのかはよくわかっていない。文献史学の研究から、倉を伴う複数の建物からなり、周囲を塀などで区画した施設であるという説が示されているが、考古学的には鹿部田淵遺跡(福岡県古賀市)が糟屋屯倉である可能性が指摘されている例などはあるものの、ミヤケの遺跡を探し

表7 『日本書紀』のミヤケ

天皇	日本書紀に見える屯倉
垂仁	来目邑の屯倉（奈良県）
景行	田部屯倉（奈良県）
仲哀	淡路屯倉（兵庫県）
仁徳	倭屯田及び屯倉（奈良県）茨田屯倉・依網屯倉（大阪府）
履中	村合屯倉（？）、倭蒋代屯倉（奈良県）
清寧	縮見屯倉（兵庫県）
継体	匝布屯倉（奈良県）、糟屋屯倉（福岡県）
安閑	伊甚屯倉（千葉県）小墾田屯倉（奈良県）桜井屯倉・難波屯倉・竹村屯倉（大阪府）廬城部屯倉・後城屯倉・多禰屯倉・来?屯倉・葉若屯倉・河音屯倉・婀娜屯倉・膽殖屯倉・膽年部屯倉（広島県）横渟屯倉（埼玉県）橘花屯倉・多氷屯倉・倉樔屯倉（神奈川県）穂波屯倉・鎌屯倉（福岡県）勝崎屯倉・桑原屯倉・肝等屯倉・大抜屯倉（大分県）春日部屯倉（佐賀県）越部屯倉・牛鹿屯倉（兵庫県）春日部屯倉（徳島県）経湍屯倉・河辺屯倉（和歌山県）蘇斯岐屯倉（京都府）葦浦屯倉（滋賀県）間敷屯倉・入鹿屯倉（愛知県）緑野屯倉（群馬県）稚贄屯倉（静岡県）
宣化	茨田郡屯倉（大阪府）尾張国屯倉（愛知県）新家屯倉・伊賀国屯倉（三重県）那津屯倉（福岡県）筑紫・肥・豊三国屯倉
欽明	白猪屯倉・児島屯倉（岡山県）韓人大身狭屯倉・高麗人小身狭屯倉（奈良県）海部屯倉（和歌山県）
推古	国毎の屯倉
皇極	深草屯倉（京都府）

ミヤケは天皇や皇親の直轄地であり、その機能は当初は、皇族の経済基盤としての性格が強かったようだが、やがて交通の要衝に置かれたものや政治的な出先機関としての機能をもつものなどが出現すると考えられている。

出すことには必ずしも成功していない。しかし6世紀末頃には、古墳時代以来の集落が廃絶し、新たな集落再編が、畿内だけでなく北陸や関東など、全国規模で行われたことが知られており、このことがミヤケの設置と何らかの関係がある可能性がある。

　地方行政の中心となる国府や郡衙といった地方官衙とミヤケとは、質的に異なるところがあるが、欽明30年（569）正月には、白猪屯倉の徴税を確実に行うために、天皇が百済系渡来人の胆津（白猪史の祖）を派遣して、「田部丁籍」の作成にあたらせたとある。「田部丁籍」とは戸籍のことで、白猪屯倉では、民の戸籍による把握・管理、徴税という、後の地方官衙と同様の行政実務が行われていたことがわかる。推古朝に全国に設置されたというミヤケも白猪屯倉と同様の機能を有していた可能性があり、その場合、ミヤケの構造も同様の役割を果たした後の地方官衙に類似

するものであったと考えられる。つまり、民の把握・管理に係る実務などを行うための庁舎、収穫物などの保管する倉庫群、農具などを製作・修理する工房、ミヤケの管理者の居住空間である館により構成されていた可能性があるのである。

なお、ミヤケの設置に直接、関わるものではないが、7世紀初頭に前後して各地の古墳から、頭椎大刀や圭頭大刀、方頭大刀といった装飾付の大刀の出土が目立つようになる。これらは、畿内の政権（天皇あるいは蘇我氏や大伴氏などの有力豪族）から地方豪族に下賜されたものと考えられている。装飾付き大刀は6世紀後半以降、国産品が作られるようになり、7世紀になると全国各地の大小さまざまな古墳から出土するようになる。その中には、東西35m、南北25mのダルマ形の墳丘に、白色の粘土を方形に切り出して積んだ特殊な埋葬主体をもつ根戸船戸遺跡1号墳（千葉県我孫子市）、高さ2m弱、面積5m²程度の小規模な石灰岩質の洞窟に19体もの人骨を埋葬した五松山洞窟遺跡（宮城県石巻市）、7世紀前半の築造でありながらも全長31mの前方後円墳で割竹形木棺を埋葬主体とする坂本1号墳（三重県明和町）、土井2号墳の追葬陶棺（岡山県真庭市）、御山遺跡SX-015箱式石棺（千葉県四街道市）、大代横穴墓群（宮城県多賀城市）など、地域色豊かな墓から出土する例も含まれている（図27）。

6世紀末以降、前方後円墳に象徴される大規模な墓が姿を消すことにより、地域の枠を超えた画一的な墓制は解体し、墓の小型化、多様化が進むようになる。その一方で、御山遺跡SX-015箱式石棺に代表されるように、中・小豪族の墓と考えられる小規模な古墳からも装飾付き大刀などの豪華な副葬品が出土していることは、地方の中小豪族が、推古天皇を頂点とする畿内の政権の配下に直接、組み込まれたか、畿内の政権が各地域への関与の度合いを強めたことを示すものかもしれない。そして、その背景として、これまで地域

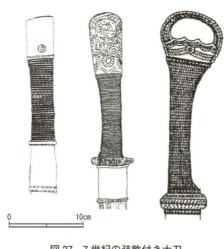

図27　7世紀の装飾付き大刀
装飾大刀は分布する地域によって、形式が異なるという傾向もある。たとえば方頭大刀は群馬県の古墳から多く出土するのに対し椎頭大刀は太平洋沿岸地域の古墳に目立つ。

の大豪族を媒体として畿内政権に結びついていた中小豪族を、畿内政権の軍事力として直接組み込んだ可能性が示唆されている（豊島2014）。しかし、それだけにとどまらずミヤケの設置による地方支配政策の推進が畿内政権と地方の中小豪族との直接的な交流を生み出した可能性もあろう。

7世紀中頃の地方官衙

　遺跡としての実態が明らかでないミヤケを除くと、現時点で確認されている郡（評）レベルの地方官衙は、7世紀末に成立したと考えられるものが多く、飛鳥浄御原令施行に伴って地方官衙が全国規模で整備された可能性が高い。しかし、孝徳朝から天智朝の間に造られたと考えられる官衙と思われる遺跡も確認されている。仙台郡山(こおりやま)遺跡、御殿前(ごてんまえ)遺跡（東京都豊島区）、久米(くめ)官衙遺跡（愛媛県松山市）などがそれであり、いずれも国家的な施設の可能性が指摘されている。

　仙台郡山遺跡は、多賀城成立以前の東北支配の拠点としての機能が考えられ、御殿前遺跡は後に律令国家の軍事を支える東国の拠点、久米官衙遺跡は古くからの瀬戸内海の海上交通に関係する拠点

であり、百済救援のために九州に向かった斉明天皇が2カ月ほど滞在した石湯行宮（いわゆのあんぐう）の関係が指摘されている。また、熊野遺跡（埼玉県深谷市）や山王廃寺下層遺跡（群馬県前橋市）は7世紀第3四半期にさかのぼる評の役所である評衙の可能性が指摘されている(7)。ともに大型掘立柱建物を中心に置き、その周囲に倉庫と考えられる複数の総柱建物を伴うことは、後の郡衙とも共通しているが、建物の配置に規則性が認められないなどの相違点がある。

橘樹（たちばな）官衙遺跡群（神奈川県川崎市）では、7世紀末に成立する郡衙正倉院の下層からそれに先行する倉庫群が、官衙に近接する影向寺（ようごうじ）の下層から7世紀末の豪族居館と考えられる掘立柱建物跡がみつかっている(8)。『書紀』によると橘樹郡は安閑元年におこった武蔵国造の乱のときに、武蔵国造の笠原直使主（かさはらのあたいおみ）が差し出した4つの屯倉のひとつ、橘花（たちばな）屯倉が置かれた場所と考えられる。橘樹官衙遺跡群の下層官衙や豪族居館は、橘花屯倉と何らかの関係がある施設の可能性がある。

律令の整備と地方官衙

郡は大宝律令が成立するまでは「評」と呼ばれていたことは、先に述べたとおりである。この評の設置時期については、延暦23年（804）に作成された『皇太神宮儀式帳（こうたいじんぐうぎしきちょう）』に「難波朝天下立評」という文言があることから孝徳朝とする見方が有力であるが、そのときに全国的に評が置かれたとする説と、孝徳朝には部分的に置かれただけで、それ以後、段階的に全国に置かれていったとする説とがある。後者の説は、さらに天智朝説、天武朝説、飛鳥浄御原令施行期説の3説に分かれる。

この問題を考古学から解決するのは難しい。それは、評の設置と地方官衙の設置は必ずしも同時とは限らず、立評から役所が設置されるまでの間の地方行政を、有力地方豪族の居宅で行っていたと仮

定するならば、役所の設置は立評に遅れてもよいということになるからである。この立評から地方官衙成立に至るまでの流れを追うことができるのが、先に紹介した石神遺跡から出土した木簡にみえる美濃国牟下（武義）郡である。

5. 律令制の整備と地方官衙

美濃国武義郡(むぎ)

美濃国にムゲツ氏という一族がいた。漢字の表記は、身毛・牟下・牟下都・牟下津・牟宜都・牟義・武義・牟宜津とさまざまであるが、地方豪族でありながらも、『書紀』に何度も名が現れている。ムゲツ氏の出自については『新撰姓氏録(しんせんしょうじろく)』に、次のようにある。

　　牟義公(むげつのきみ)。景行天皇の皇子。大碓命(おおうすのみこと)の後(すえ)なり。

ムゲツ氏を景行天皇の末裔とする話は、『古事記』にもみえる。ヤマトタケルの兄である大碓命は、父景行天皇が三野（美濃）国造に兄比売(えひめ)と弟比売(おとひめ)という美しい娘がいることを聞き、それを召し上げよと命じられた。しかし、大碓命は姉妹の美しさに惹かれ、天皇には身代わりを立てて、姉妹と通じてしまう。大碓命は姉妹との間に一人ずつ子を授かるが、弟比売との間に生まれた子がムゲツ氏の祖、押黒弟日子王(おしぐろのおとひこのみこ)だという。『書紀』には、景行40年に、天皇の命により東征を命じられた大碓命が、それを恐れたために天皇のもとから離され美濃の封地に土着し、ムゲツ氏の祖となったと記す。

この話の後も、ムゲツ氏は史書に登場する。『書紀』雄略7年8月条には身毛君大夫(むげつのきみますらお)、壬申の乱の記事には身毛君広(むげつのきみひろ)、牟義都公真依(むげつのきみまより)の名がみえる。広は舎人(とねり)(9)として乱の以前から大海人皇子の側近に仕え、挙兵の際に皇子の命を受け村国男依(むらくにのおより)らとともに美濃へ先行し、兵を集め不破を封鎖することに成功している。この功績により乱の後、80戸の封戸(ふこ)(10)を与えられている。

ムゲツ氏と天皇家との関わりは実際のところよくわからない。『書紀』の編纂時には、諸豪族に伝わる祖先伝承なども調査されたが、豪族の中には一族と天皇家とのつながりの深さを過去にさかのぼって主張しようとした者も多く、そのいくつかが正史に採録されたようである。ムゲツ氏の伝承も、壬申の乱の功臣であるムゲツ氏だからこそ、史実であるかどうかは別にして、その主張が『書紀』に記されたのかもしれない。

古墳からみたムゲツ氏の本拠

古代の地方豪族の氏名(うじな)の多くは、職掌か本拠地の地名に由来している。ムゲツ氏の場合は、「牟義都」という表記と通じる美濃国武義郡がその本拠地であったと考えられている。武義郡は飛騨国と越前国と境を接する美濃国のほぼ中央に位置する郡で、長良川が郡の中央を貫くように南流している。

武義郡の大半は山地であり、平野部は南端付近の一部に限られる。そこを飛騨国へと向かう道路が通過し、長良川はその流れを緩め、伊勢湾へと向かう。まさに、陸路と河川交通路とが交わる交通の要衝となっている。ムゲツ氏もその交通の要衝に本拠を置いていたようである。このことは、古墳の分布から確認される。先述したように後に郡司となる氏族は、その地域における伝統的な有力者だったため、その本拠地には大規模な古墳が認められる場合が多い。武義郡では、濃尾平野を望む長良川沿いの丘陵に古墳時代後期の直径15ｍ前後の円墳が認められ、7世紀初頭には一辺22.4mの方墳である池尻大塚(いけじりおおつか)古墳が造られる。これらの古墳が分布する範囲がムゲツ氏の本拠地と考えられる。

弥勒寺官衙(みろくじかんが)遺跡群

長良川が山塊にぶつかり西へ流れを大きく変えるあたり、背後の

丘陵により長良川の急流から守られた小さな河岸段丘上に弥勒寺という寺がある。この寺は、「円空仏」で著名な円空が再興し、元禄8年（1695）に没した寺であるが、その創建は円空の時代よりもはるか前にさかのぼる。1952年、地元の要請を受けてこの寺を訪れた石田茂作は、採集された瓦をみて寺院の創建が7世紀にさかのぼることを確信し、翌年から発掘調査を実施した。

　石田は弥勒寺の伽藍配置が川原寺に類似することを認め、その創建を天武朝と考え、さらに壬申の乱における身毛君広の活躍に注目し、建立の背景にムゲツ氏と大和との交流を想定した。石田の指摘通り、弥勒寺の伽藍は整った法起寺式伽藍配置であり、出土軒丸瓦は川原寺出土のものと大変よく似ている。壬申の乱の功臣を生んだムゲツ氏が建立した寺院であることは間違いないだろう。

　しかし、この河岸段丘上における発見はこれだけにとどまらなかった。弥勒寺の東側にある弥勒寺東遺跡では、大規模な郡衙跡がみつかったのである。発掘された郡衙関係施設は、郡庁院、正倉院、館、厨であり、『実録帳』にみえる郡衙の構成施設のすべてが狭い範囲に集中していた。これらの施設は8世紀前半に建てられ、10世紀前半に廃絶していることが確認された（図28）。

　郡庁院はきわめて高い計画性に則り、正殿、後殿、東西それぞれ2棟の脇殿を配置している。正殿は3度の建て替えが認められ、9世紀には掘立柱建物から礎石建物へと変更されている。また、郡庁院の下層には、郡庁成立以前の大型掘建柱建物があり、これは郡衙成立前の役所の中心施設と考えられている。

　正倉院は郡庁院の北側にあり、東西約130ｍ、南北約40ｍの溝で区画された範囲の中に、棟方向を揃えた8棟の総柱建物が検出されている。この中には、桁行8間、梁行3間のひときわ大きく中心的な倉である法倉と考えられる倉庫もある。また、郡庁正殿と同様、ある時期に礎石建物へと建て替えられているものもある。正倉

第 3 章 中央集権国家と地方官衙 107

図 28 弥勒寺官衙遺跡群（関市教育委員会 2012 をもとに作成）

郡庁院の規模は南北 200 尺、東西 160 尺であり、正殿と東西両脇殿に囲まれた広場は 100 尺四方である。また、建物配置は美濃国府の国庁と共通する「品」字形であるなど、その計画性の高さは他の郡衙を凌駕している。国庁に規格性が認められるのに対し、郡庁は個性的な在り方を示すが、この遺跡ときわめて類似する事例は全国的にみても乏しい。

院の下層からは、弥勒寺造営に伴う鍛冶遺構とムゲツ氏の居宅と考えられる塀で囲まれ、立派な門をもつ掘立柱建物がみつかっている。この居宅は遅くとも弥勒寺が建てられた頃には整備されていたと考えられている。つまり、弥勒寺東遺跡では 7 世紀後半に評衙と豪族居宅が造られ、その頃、弥勒寺の造営が行われた。そして、8 世紀に大幅な改変がなされ、評衙の中心施設は郡庁として建て替えられ、居宅は別の場所に移され、その跡地には正倉院が建てられるという変遷がうかがわれる（図 29）。

なお、弥勒寺の西側の谷筋に位置する弥勒寺西遺跡では、祭祀場の跡がみつかっている。出土した木製品約 1300 点の中には、人形(ひとがた)や舟形(ふながた)、刀形(かたながた)などの木製祭祀具が含まれている（田中 2008）。

評衙から郡衙へ

美濃国武義郡では遅くとも天智朝には国—評—五十戸制が施行されていたことが石神遺跡出土の木簡から知られており、その頃はムゲツ氏の居宅が評の行政を担っていたと考えられる。そして、その後、居宅の一部が役所として分離し、8 世紀になると大規模に改変されたという流れが読みとれる。このように、弥勒寺官衙遺跡群の変遷は、中央による支配が地方に浸透していくさまを示しているのである。ただしここで注意しなければならないのは、ムゲツ氏は天皇を祖とするという伝承をもつ中央に近い豪族であることである。そのため、中央の施策に順応しやすい、逆にいえば中央による地方支配の拠点として利用されやすかった可能性もある。したがって、他の地域も武義郡と同様であったとは今のところ断定できない。

しかし、7 世紀後半の地方行政を担う役所が評衙と豪族居宅から成り立っていたということが明らかになった意味は大きい。中央集権の実現のための場である地方官衙は、豪族居宅（7 世紀後半以前）→豪族居宅＋評衙（7 世紀後半）→郡衙（8 世紀）という流れ

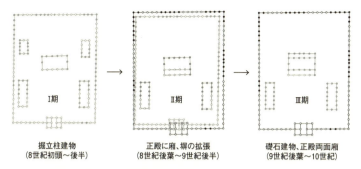

図29 弥勒寺官衙遺跡群の変遷（関市教育委員会 2012）
掘立柱建物からなる施設の時期を厳密に特定していく作業は容易ではない。弥勒寺官衙遺跡群は長年にわたる粘り強い調査により郡衙の変遷が明らかにされつつあるが、館・厨地区の変遷など、まだ解明すべき課題が残されている。

をたどっていたことがわかったことは、地方官衙の成立のみならず、国家による地方支配システムの整備を考える上でも重要である。つまり弥勒寺官衙遺跡の変遷は、飛鳥浄御原令以前、飛鳥浄御原令の制定、大宝律令の制定という中央集権体制の整備過程に対応しているようであり、制度の整備に伴って地方官衙が整備されていったさまを示していると考えられるのである。

6. 律令制における地方の姿

発掘された郡衙と関連施設

続いて、全国的に郡衙が設置されたと考えられる7世紀末頃の様子をみていこう。発掘された郡衙にはいくつかの共通点が認められる。それは、郡庁院、正倉院、館、厨によって構成されるという点であり、そのいずれもが複数の建物からなるという点である。

郡庁は塀や堀、あるいは長舎建物によって区画された方形の空間の中に、ひときわ大きな中心建物を置き、その前面には広場がある

例が一般的である。中心建物の正面に広場を有するという点は国庁とも共通している。また、7世紀末以降、国府や郡衙の中心施設は、方位を強く意識するようになり、地方官衙が所在した場所には、周辺の地割りとは異なる正方位地割りが現在も残る例もある。こうしたことも地方官衙を探す上で、大きな目安となる（表8）。

　正倉院は複数の総柱建物からなる場合が通例で、これらの建物は一定の間隔を保ち、柱筋をそろえるなど規則的に配置される場合が一般的である。これは倉庫令の規定と関係していると思われ、火災による類焼を防ぐためと考えられる。また、倉庫群の中には、ひときわ大きく中心的な倉庫である法倉が認められる場合もある。こうした倉庫群は8世紀前半頃までは掘立柱建物であるが、8世紀中頃以降には礎石建物に建て替えられる例も多い（図30）。なお、この頃には郡庁から離れた場所に正倉別院(しょうそうべついん)をもつものも現れる。

　こうした共通点が多い郡庁、正倉に対し、館、厨はすべての郡衙にあったと考えられるが、建物の規模や配置には多様性があるようで、その識別が難しい場合もある。ただし、「厨」という文字が書かれた墨書土器がまとまって出土すれば、その施設が厨であったと特定できる場合もあるし、椀や皿などの供膳具がまとまって出土したり国産・輸入陶磁器などがまとまって出土すれば、饗応の場としても利用された館である可能性が高い。この他にも、戸籍や計帳の作成をはじめとする郡内の行政実務を行う実務官衙、鍛冶などの手工業生産を行うための場がみつかる場合もある。

　さらに、弥勒寺官衙遺跡群のように、郡衙に近接して7世紀後半頃に創建された寺院がある場合も多い。その評価については、律令で定める郡司の職掌には祭祀に関することがみられないことから、郡司氏族が郡司という職制ではなく、地域の有力者（在地首長）という立場で郡内の仏教信仰を主導したという見方がある。その一方で、台渡里廃寺(だいわたり)（茨城県水戸市）や上植木廃寺(かみうえき)（群馬県伊勢原市）

表8 各地の郡衙の消長(山中1994をもとに作成)

遺跡	国	郡	700　　800　　900	備考
東山	陸奥	賀美		
名生館		玉造		
仙台郡山		名取		他所に移転か
角田郡山		伊具		
三十三間堂		亘理		
郡山台		安達		906年建郡
清水台		安積		
関和久		白河		
郡山五番		標葉		
泉		行方		
根岸		磐城		653年立評
郡		菊田		718年建郡
大浦遺跡群	出羽	置賜		前後に移転あり?
古郡	常陸	新治		817年正倉火災
平沢		筑波		
神野向		鹿嶋		
梅曽	下野	那須		
塔法田		芳賀		
中村		芳賀		塔法田から移転か
国府野		足利		
天良七堂	上野	新田		
三軒屋		佐位		
大畑I	下総	埴生		
日秀西		相馬		
中宿	武蔵	榛沢		
御殿前		豊嶋		
長者原		都築		
橘樹		橘樹		
下寺尾	相模	高座		
今小路西		鎌倉		
恒川	信濃	伊那		
弥勒寺東	美濃	武儀		
郡	駿河	益頭		
御子ヶ谷		志太		益頭郡から分割?
城山・伊場	遠江	敷智		
市道	三河	渥美		
岡	近江	栗太		
正道	山背	久世		
花園		葛野		他所から移転?
円明	河内	安宿		

遺跡	国	郡	700　　800　　900	備考
郡家川西	摂津	嶋上		
吉田南	播磨	明石		他所から移転？
万代寺	因幡	八上		
上原遺跡群		気多		
大高野	伯耆	八幡		
高本	美作	英賀		
勝間田・平		勝田		
宮尾		久米		
小殿	備中	英賀		
下本谷	備後	三次		
久米高畑	伊予	久米		
小郡	筑後	御原		
立願寺	肥後	玉名		
神水		託麻		

これまで発掘調査で確認されている郡衙の多くは7世紀末に成立している。このことから飛鳥浄御原令の制定に伴い評レベルの役所が全国に設置された可能性を示している。一方、その廃絶時期は10世紀中頃前後のものが多い。その理由については第5章で述べる。

では郷名や里名を記した瓦が多数出土しており、少なくともこれらの寺の補修にあたり、律令制による徴税単位である郷里が物品や労働力を提供したと推定されている。このことは、これらの寺の修理を郡司の職権で行っている可能性を示しているとみて、公的な寺院とする見方もある。前者の見方をする場合は郡衙で認められる弥勒寺西遺跡のような祭祀遺跡も寺院と同様、郡司の在地首長としての信仰と評価してよいのかという問題もある。このように、郡衙に近接する祭祀関係の遺跡についての評価は、なかなか難しい。

なお、郡衙は交通の要衝に立地する傾向も認められ、駅路が通過する郡の多くは、郡衙を駅路近くに置いている場合が多い。また、海沿いの郡衙は河川の河口近くの丘陵上に置かれており、河川には川港が設けられている例が目立つ。下寺尾官衙遺跡群（神奈川県茅ヶ崎市）、泉官衙遺跡群（福島県南相馬市）、郡山五番遺跡（同双葉町）などはその好例である（図31）。

第 3 章 中央集権国家と地方官衙 113

図 30　上野国佐位郡正倉の構造（伊勢崎市教育委員会 2012）
八角形の倉庫をはじめ複数の倉庫跡がみつかっている。これらは「実録帳」にみえる八面甲倉をはじめとする倉庫群であり、その配置も含め、ほぼ「実録帳」の記載と合致する。また、八面甲倉は、当初は掘立柱建物であったものが、同じ場所で礎石建物に建て替えられたことも判明した。

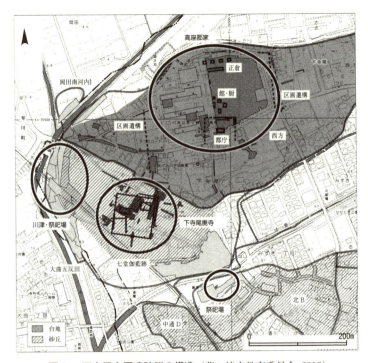

図31　下寺尾官衙遺跡群の構造（茅ヶ崎市教育委員会　2013）
高座郡家跡と考えられる。郡庁・正倉など郡衙の主要施設を丘陵上に置き、その南側に下寺尾廃寺があり、低地部には祭祀場がある。これらの施設は高い計画性にもとづいて配置されており、それは弥勒寺官衙遺跡群とも共通する。7世紀末の成立と考えられており、寺院を除く施設は9世紀前半に廃絶していることから、この頃、寺院を除く郡衙本体の移転が想定される。

　郡衙には、こうした共通する特徴が認められることから、特段、文字に頼らなくとも発掘調査でみつかった遺跡を郡衙であると特定できるのであり、また、郡衙遺跡の調査例が増加したことにより、郡衙の移転が考古学的に確かめられた例もある。

多様な郡衙の在り方

　一方、個々の施設の規模や施設の配置などに目を向けると、郡衙

の在り方は多様である。郡庁院の規模をみても、一般には50m程度の区画を有するが、中には上野国新田郡庁（群馬県太田市）のように90m規模のものもある。正倉の建物の数も大きく異なり、10棟程度のものから数十棟に及ぶものまで多様である。郡衙は郡の規模や人口により、取り扱う業務の量が異なるし、正倉に納める米の量が違ってくる。そうした違いが施設の規模に現れている可能性がある。

　律令では郡を里の数から大・上・中・下・小の5つに区分しており（戸令）、その等級は『和名類聚抄』に記された郷の数からもわかる。また郡の立地条件と役割、たとえば交通の要衝に置かれた郡や軍事拠点に置かれた郡などによっても郡衙の規模が異なっているようである。たとえば東山道最大の難所である標高1,569mの神坂(みさか)峠を控えた信濃国伊那(いな)郡家(ぐうけ)である恒川(ごんが)官衙遺跡（長野県飯田市）や、律令国家が蝦夷経略のための物資を集積したと考えられる常陸国から陸奥国にかけての太平洋岸の郡衙の規模は、根岸官衙遺跡群（福島県いわき市）に代表されるように総じて巨大である。郡衙は郡の規模や国家によって課せられた役割によって、その規模を大きく違える場合もある。（図32）

『出雲国風土記』の世界

　『続紀』和銅6年（713）5月30日条には太政官が諸国に対し、郡郷の名、産物、土地の肥沃の状態、地名の起源、伝えられている旧聞異事を取りまとめ報告せよという命令したことが記されている。これが風土記の編纂命令と考えられている。『出雲国風土記』は風土記の中で唯一、ほぼ完本の状態で残っており、その記述から8世紀前半の出雲国内の道路網、寺社、官衙などの位置関係が把握できる。また記載された道路や寺院、官衙のいくつかは発掘調査が行われており、その実態が解明されつつある。

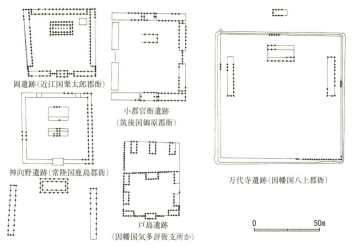

岡遺跡(近江国栗太郎郡衙)
小郡官衙遺跡(筑後国御原郡衙)
神向野遺跡(常陸国鹿島郡衙)
万代寺遺跡(因幡国八上郡衙)
戸島遺跡(因幡国気多評衙支所か)
上神主・茂原官衙遺跡(下野国河内郡衙)

図32 さまざまな郡衙(奈良文化財研究所 2004 をもとに作成)
郡庁には、整った方形のプランを呈し、長舎建物や回廊などにより囲繞するロの字形の配置をとるもの、冂字形の建物配置、品の字形の建物配置、品の字形の建物の一方を欠くものなどがある。

　杉沢遺跡(出雲市)では、風土記に正西道と記されている山陽道駅路が検出され、周辺に残る道路痕跡から出雲市付近の駅路の路線位置がほぼ確定した。また、杉沢遺跡の西約1.2 kmには、出雲郡家と考えられる後谷遺跡と稲城・小野遺跡がある。風土記によると出雲郡家より西に二里六十歩(11)(1里は約533.5 m、1歩は約1.8 m)で郡の西の堺の出雲河に至るとあるが、後谷遺跡の1.4km西方には、出雲郡と神戸郡の郡界である斐伊川が流れる。魚見塚遺跡(松江市)では枉北道と記されている隠岐へと向かう駅路の一部が検出されている。枉北道は、「(国府から)北に行くこと四里二百六十六歩で、郡の北の堺の朝酌渡に至る」とある。道路跡の検出地点は出雲国府から北上し、大橋川を渡った地点にあり、風土記の記

載によると朝酌渡から十一里百四十歩で島根郡家に至ることになる。

このように出雲国の郡衙は主要交通路に沿って置かれており、官衙と道路が密接に結びついていることが史料から判明するのである。このほかにも風土記に記載されている新造院（寺院）の多くも位置が特定されており、文献史料と遺跡との対応関係がほぼ把握されている。

図33 出雲国風土記の記載から復元される古代出雲国の交通路と官衙・寺院

出雲国風土記は、総記、意宇・島根・秋鹿・楯縫・出雲・神門・飯石・仁多・大原の各郡の条、巻末条から構成されており、各郡条には郷里名や寺社名などに加え近接する郡までの道と距離が記されている。さらに、巻末条には出雲国の主要道路網や駅・橋・渡船、軍団、烽、戍が記載されている。

出雲国では風土記の記載と遺跡を照合することにより、古代の景観を現代に重ね合わせることができる希有な地域である。（図33）。こうした景観は出雲国だけのものではなく、律令国家の支配領域すべてに共通すると考えられ、官衙のみではなく、道路網や橋、渡などの交通施設も含めた景観の復元も、律令国家による地方支配の在り方を考えるためには重要である。

地方官衙が語るもの

地方官衙は国家にとって重要な場所に7世紀中頃には置かれたようである。『書紀』によると、推古朝には諸国にミヤケが置かれ、

舒明朝には各地から都への動員記事がみられ、その後も天皇が諸国に命を下すなど、中央による地方支配が浸透している様子がうかがわれるが、それはあくまでも地方豪族を通じた民の間接支配であった。中央集権の本質は「行政や政治において、権限と財源が中央に一元化されている形態」であり、また古代国家が目指した中央集権の理念は「すべての土地と民は天皇が支配する」ということを基本としているので、民の支配が間接的であるという点で、中央集権体制には至っていなかったといえる。

　そうした意味で中央集権への大きな画期となったのは、天智9年（670）に作成された日本最初の全国規模の戸籍である庚午年籍の作成である。戸籍を作成するということは、中央が民のひとりひとりを把握することになり、それが民の支配の根幹にあたるからである。そして、戸籍の成立のきっかけとなった大きな事件が、前章でみた白村江の敗戦である。日本は、唐・新羅連合軍の襲来に備えて日本は、挙国一致体制を作りあげるため、一気に中央集権化を進めた可能性があり、白村江の敗戦の7年後に作られた庚午年籍もその一環であったと考えられる。また、律令制による戸籍の作成は戸の構成員を戸ごとにまとめ提出させ、それを里で取りまとめ、さらに郡、国で取りまとめて中央に提出することとされている。そうすると、庚午年籍の作成の段階には、こうした作業を行うことができるだけの地方行政システムが整っていたと考えられる。つまり戸籍の成立とは地方行政システムの整備とも関わっており、地方行政を行う施設の設置を含めた中央集権化が、白村江の敗戦以降、急速に進められたのである。

　また、戸籍の作成などの実務を行う場は地方官衙である。地方行政システムが複雑化すると、それ以前は豪族居宅で行っていた事務が、そこだけでは対応できなくなったと考えられる。そして、そのことが居宅と官衙がセットとなった地方役所の成立を促し、飛鳥浄

御原令の制定により、地方行政の枠組みが決定されると、地方役所は豪族居宅から完全に独立し、評衙が造られた。つまり、地方行政システムが精緻化し、その業務が多様化することに伴い、地方官衙の整備も進められたのである。

全国各地に地方官衙が置かれるということは、律令による地方支配システムの完成を示しているといえ、その段階的な整備過程は中央集権体制の整備状況とほぼ合致すると考えられる。中央集権体制の浸透は、支配する側である都の視点で語られる場合が多いが、むしろ全国各地でみつかる地方官衙の成立と展開から、より具体的に読み取ることができる。つまり、日本古代史を考える上では、地方の遺跡にも、しっかりと目を向ける必要があるのである。

コラム 遺物からみた中央集権体制の成立と展開

地方に分布する都の土器

中央の権力が地方へと浸透していくさまは遺物からも確認できる。

律令的土器様式と呼ばれる土器のセットがある。これは7世紀に宮都(12)で出現した土器様式で、多様な器種、法量(大きさ・容量)の規格性、土師器と須恵器の互換性といった性質をもっている。個々の器種をみると、その形は金属器を模倣しており、土師器は赤色で、暗文(篦のような道具で土器の表面を擦ることによってつけた放射状や、らせん状の文様)による装飾を施していることに特徴がある。

こうした土器は、7世紀末に地方官衙が全国的に整備されることに伴い、官衙からの出土が目立つようになる。また、これらの土器には畿内で作られたものが地方へ運ばれたものと、都などに供給するため地方で作られたもの、畿内のものを地方で模倣して製作されたものがあり、後者の中には表面に赤色顔料を塗ることによって、赤く仕上げているものもある。こうしたことが行われたのは、食器を都のものと共通させようとする意図が働いていたことを示している。

律令的土器様式の広がり

律令的土器様式の広がりは、律令制の浸透と深いつながりがあると考

えられる。律令によって身分秩序が整備されたことにより、食事の量や種類、使う器の材質までもが差別化された。また、地方に下向した国司の主な職務には、神祇令などの規定により都で行われているのと同様の祭祀や儀礼の実行があり、そこで用いる道具も都で用いるものと同様のものが求められた。さらに都からの使者の接待などにも、こうした都風の土器が必要とされたと考えられる。すなわち、律令により規定された行為の実施や、都との往来の結果、律令的土器様式が地方へ普及したのである（図34）。

一方、地方の中には税として土器を都に納めることが義務づけられた国もあった。『延喜式』主計寮式には土師器を納める国として、大和と河内、須恵器を納める国として和泉・摂津・播磨・備前・讃岐・筑前・近江・美濃国がみえる。土器は、都で定めた仕様で製作され、そうした都風の土器生産が地方の土器様式にも影響を及ぼした。

都に持ち込まれた地方の土器

これとは逆に地方の土器が都から出土する事例も多く認められる。これは、調庸として納められたものもあれば、その輸送のための器に用いられたもの、各地から都に出仕した人が生活道具として持ち込んだものもあると考えられる。都からの出土品ではないが、牛頸須恵器窯跡（福岡県大野城市）からは「調大甑一僕和銅六」と刻書した須恵器が出土している。九州諸国の調庸はいったん、大宰府に集められることになっていたことから、この須恵器も大宰府あるいは大宰府を経由して都に運ぶため焼かれたものと考えられる。

8世紀の土器づくり

一方、これらの土器がどのように生産されたかを知ることができる文献史料は、『正倉院文書』に残されている「浄清所解文」があるだけである。これは讃岐石前と借馬秋遅女という夫婦とみられる男女が、約3カ月間で5器種4,416点（田坏2,400、鋺形990、片埦360、片佐良660、小手作6）を生産したとある。2人が生産したのは、大規模な窯が必要となる須恵器ではなく、比較的単純な構造の窯でも生産できる土師器と考えられる。石前は、粘土の採掘と工房までの運搬、素地土の加工、燃料の収集と焼成の準備、製品の京への運搬を担当したとあるの

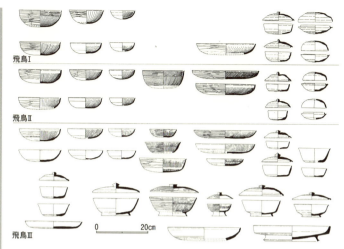

図34　律令的土器様式（奈良文化財研究所 2004 をもとに作成）
律令的土器様式を構成する器種は、中央と地方双方の遺跡から出土する。そのため、中央と地方との土器の併行関係がわかり、土器編年や、実年代を論じる上で重要な意味をもっている。それは、畿内産の土器と共伴して出土した地方産の土器群は、畿内産の土器が示す年代とほぼ同時期であるということになるからである。なお、畿内における土器の年代は主に『書紀』などの文献史料に造営や修理の記事がある遺跡からの出土品をベースとしている。

で、土器の成形は秋遅女がひとりで行ったことがわかる。

　この文献史料の解釈にあたっては、窯の構築などに携わる補助的労働力の有無の問題や、このふたりの工人を土器づくりの専業工人か農閑期のみに生産を行う半農半工の工人なのか評価が分かれるが、いずれにせよ土師器はこのような単婚家族的な小規模な単位による生産が想定されている。

律令国家の政策を表す土器

　矢本横穴墓群（宮城県東松島市）は7世紀中頃から9世紀前半にかけて築かれた総数200基を超える横穴墓群である。付近には、牡鹿郡家と考えられる赤井遺跡があり、この古墳群にも郡家で働く官人らも葬られたと考えられている。また、横穴墓の中には、房総半島の太平洋岸に分布する羨道と玄室の境が一段高くなる「高壇式横穴墓」と呼ばれるもの

と類似する横穴墓が複数あり、そこから出土した土器の中には、千葉県から出土するものに類似する土師器や、静岡県湖西市で生産された須恵器が出土している。

　こうした関東の墓の形態や土器が持ち込まれたのは、この地域と房総半島との間に交流があったことを裏づけるが、古代には単なる交流ではなく、国家の命による民の強制移住が行われていた。和銅6年（713）には日向国から4郡を裂いて大隅国が建国されるが、その翌年に豊前国から200戸の入植を行っていることが『続紀』にみえる。東北へも主に関東の民が移住しているという記録がある（霊亀元年〈715〉5月30日条など）。また、陸奥国では主に関東や東海の太平洋沿岸地域の地名と共通する地名が複数認められており、これも国家により大規模な移住が行われた証拠とされている。こうした移住は、土地開発のために行われたものもあれば、国家の支配に服従しない勢力に、国家権力を浸透させる狙いで行われる場合もあり、逆に蝦夷と呼ばれた人々が西国に移住させられたという記録もある（神亀2年〈725〉閏正月4日条など）。

　矢本横穴墓群の被葬者がもともと、この地域の人なのか、それとも国家の命を受け移住させられた人なのかというところまでは、断定できないものの、土器はこうした人や物の移動を考える上で重要であり、そこから律令国家の地方経営政策がみえる場合もある。

註

(1) 正倉院中倉に伝わる東大寺写経所が作成した文書群。その中には諸国で作成された戸籍などの文書の裏面を再利用したものもあり、奈良時代の社会を知る上での一級史料である。

(2) 700年に亡くなった那須国造那須直韋提（なすのあたいいで）の事績を偲んで後継者が建立した石碑。

(3) 駅路を利用する公式の使者が宿泊や、休憩をするための施設。

(4) 『出雲国風土記』総記に「霊亀元年の式に依りて、里を改めて郷と為しき」を根拠とするが、実際に文字史料で郷－里の表記がみえるのは霊亀3年からであるので『出雲国風土記』の記載は3年の誤記とする見方が強い。

(5) 3943「守大伴宿禰家持が館に集ひて宴する歌」、3995「掾大伴宿禰池主が館にて税帳使守大伴宿禰家持を餞する宴の歌」など。
(6) 金銅装大刀、衝角付冑、骨角製品などが出土。19体の人骨のうち14体が成人で女性や少年、幼年のものも含まれ、成人男性2体の頭蓋に北海道アイヌとの類似が認められた。被葬者は東国の国造クラスの豪族と考えられ、奈良時代に陸奥出身の豪族として唯一、中央官人として活動した道嶋氏(丸子・牡鹿連)との関係も想定される。
(7) 7世紀後半以前の評の役所跡のことを指す考古学の学術用語。
(8) 郡の成立は大宝令からなので評衙と呼ぶ方が適当であるが、郡衙は飛鳥浄御原令制定に伴い全国に設置された可能性が高いため、便宜的にそれ以前を評衙、以後を郡衙と呼び分けることとする。なお、厳密な区分を行う場合は、7世紀後半までのものを前期評衙、7世紀末のものを後期評衙、8世紀以降のものを郡衙とする場合もある。
(9) 天皇や皇親の身の回りの世話を受けもつために出仕した豪族の子弟。
(10) 俸禄として与えられた戸で、その田租の1/2と調庸の全部を得ることができた。
(11) 雑令では大尺(約35.5 cm)5尺を歩。300歩を里とすることとされている。
(12) 天皇の住まいである宮室とそれを中心とした一定の空間の広がりである都城を指す学術用語。

第4章　古代宮都の展開
―遺跡と文献史料双方からの分析―

1. 宮の造営
宮の変遷からみた中央集権体制の確立

　前章では、地方官衙から中央集権体制の成立についてみたが、もちろん中央の遺跡からもそれを読み取ることができる。地方官衙よりも文献史料に恵まれ遺跡と文献史料を対比しやすいという点において、宮の変遷は歴史の流れを把握しやすいという一面があるが、一方で第2章でも述べたように、遺跡の評価を慎重に行わないと文献史料に引きずられてしまうという危険性もある。

　ここでは、そうした点にも留意しながら、天皇の住む宮の変遷と碁盤の目のように整然と区画された都市を伴う都城の成立について概観する。

　宮とは、住居を示す「ヤ」（屋）に、神・天皇・宮廷の接頭語である「ミ」（御・霊）がついたもので、天皇や皇族の住居、滞在施設のことを指す（吉田 1983）。古墳時代から飛鳥時代前半までの間、天皇の宮もその他皇族の宮も、独自の経済基盤、軍事的基盤、信仰上の基盤を有していたと考えられており、それらを経営・管理するために必要な機能（機関）を宮の中に有していた。その点は諸豪族の居宅も同じであったと考えられる。

　天皇の宮が他の居宅と本質的に異なるのは、宮が諸豪族からの奉仕の場としても機能していたことである。宮の規模や所有する経済基盤などの規模は、時代によっては有力豪族よりも劣る場合もあったと考えられるが、諸豪族からの奉仕を天皇が受ける場であるとい

図35 部民の分布
部民とは朝廷や皇室、豪族に隷属して奉仕・貢納する人々を部として編成したもので、馬飼部や土師部のように職掌により編成された部と額田部、白髪部、蘇我部のように所属する王宮や豪族単位で編成された部がある。全国的な戸籍の作成により、すべての民が中央で把握されることにより廃止されるようである。

う性質上、そこが国政運営の場となったことこそが天皇の宮の最大の特徴であろう。そうしたことから、天皇の宮があるところが「宮処」すなわち「都」と呼ばれるようになった（図35）。

飛鳥時代前半の天皇宮

　古墳時代の天皇宮の実態はよくわかっていない。雄略天皇の泊瀬朝倉宮のものと考えられる大規模な掘立柱建物跡の一部が、脇本遺跡（奈良県桜井市）で発掘されているが、その構造を解明するまでには至っていない。なお、雄略天皇の時代には稲荷山古墳（埼玉県行田市）と江田船山古墳（熊本県和水町）出土の鉄剣銘から、典

曹人、杖刀人という文官、武官がいたことが知られており、官僚機構が整備されていた可能性が指摘されている（吉村 2005）。そのため、泊瀬朝倉宮にもこうした官僚が執務を行う場が伴っていた可能性がある。また、この頃には「倉人」「手人」「酒人」といった具合に、職掌＋人を姓とする中小豪族が存在しており、特定の職掌を世襲し、天皇に奉仕する豪族の存在も知られている（直木 1968）。

　宮中枢部の構造がわかる最も古い例は、推古天皇の小墾田宮である。それは発掘調査で判明したものでなく『書紀』にみえる隋使の謁見記事（推古16年〈608〉8月12日条）と、新羅・任那使の謁見記事（推古18年〈610〉10月9日条）の内容から、岸俊男が復元したものである（岸 1988）。その構造は、南門を入ると朝庭があり、その左右には庁（朝堂）が並び、その奥には大門があって、天皇が座す大殿へと通じていたと復元されている。

　謁見の儀式では、庁に為政者層である有力豪族が並び、使者は朝庭から大門の前に進んで国書を捧げている。天皇は大殿の中にあり、そこから使者を謁見している。おそらく、大殿は天皇の居所であり、その前面に政務の場が付随するという形態であったと考えられる。もちろんこうした構造は『書紀』の記載から想定されたものであり、後の時代の宮の姿から創作されたものである可能性もある。事実、小墾田宮に後続する舒明天皇の飛鳥岡本宮や皇極天皇の飛鳥板蓋宮がこうした構造であったとする確証は得られていない。

難波長柄豊碕宮から飛鳥浄御原宮

　天皇宮が他の宮よりも突出した規模をもち、かつ整備された政務空間を伴うようになるのは孝徳天皇の難波長柄豊碕宮（発掘調査で確認された前期難波宮跡）からである。南門、朝廷、大門、大殿（内裏）を直線的に配置し、朝廷の左右に庁を置くという形態は『書紀』の記載から想定される小墾田宮と変わりないが、庁の数は

左右にそれぞれ5堂ずつ、朝庭の南方に東西方向に4堂を配するなど、その規模は隔絶している。その他にも、周辺に実務官衙域や多数の倉庫を置くなど、この頃には官僚機構が整っていたことがわかる。ただし、朝廷の正殿に相当する施設は、天皇の住居でもある内裏であり、後の大極殿のように天皇が政務にあたる独立した施設は認められていない。

　前期難波宮の遺構からは、この時期に官僚機構の整備が大きく進められ、中央集権への土台が固められたことを読み取ることができる。第3章で述べたように大化2（646）年の改新の詔の真偽については諸説あるものの、少なくとも孝徳朝が宮の規模や構造という点で時代の大きな画期になったことは間違いあるまい（図36）。

　その後、宮は斉明天皇により再び飛鳥に戻り（後飛鳥岡本宮）、そして天智天皇により大津に遷される（近江大津宮）。後飛鳥岡本宮は天武天皇の飛鳥浄御原宮と同じ場所であったことが知られており、発掘調査により飛鳥浄御原宮は後飛鳥岡本宮の施設を基本的に踏襲していることが明らかにされている。また、後飛鳥岡本宮を造った斉明天皇は、飛鳥において大規模な土木工事を次々と行っている。こうした一連の事業は、都である飛鳥の荘厳化を図ったものと考えられる。また、飛鳥の都市化が進められる中で、前章でみたように地方行政システムの整備も進められていることが確認される。すなわち、難波長柄豊碕宮から後飛鳥岡本宮という宮殿の拡大および宮周辺の諸施設の整備は、中央集権体制の構築と連動しているのである（図37）。

　近江大津宮の構造もよくわからない点がある。ただし、この宮の造営に伴い穴太廃寺、南滋賀廃寺など、宮周辺では寺院の整備が行われていた。穴太廃寺は、主軸をやや北東に振る法起寺式伽藍配置であったものを、遷都の頃に正方位に合致するよう伽藍全体の建て替えを行っていることが判明し、南滋賀廃寺は川原寺と同様の伽藍

配置をとっている。このように、後飛鳥岡本宮の段階から、宮周辺の諸施設の整備（荘厳化）が進められ、ミヤコ（宮処）は日本国内では突出した規模と構成施設をもつ都市となった（図38）。

日本で最初に大極殿が造られたのは、天武天皇の飛鳥浄御原宮のようである。『書紀』の大極殿の初見は天武10年（681）であり、これに相当する施設が、宮中枢部の南方に位置するエビノコ郭とよ

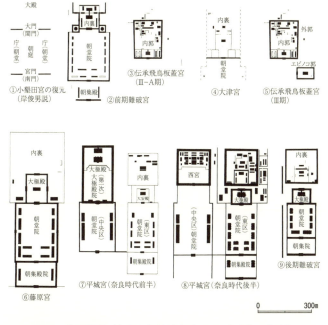

図36　宮の変遷（奈良文化財研究所 2004をもとに作成）
前期難波宮と後飛鳥岡本宮は、内裏を宮の北端の中央に置く点は共通するものの、その南側に展開する朝堂は継承されず、藤原宮になってその形態が再度、採用されている。こうした点に難波宮の先進性、画期性が認められるが、後岡本宮へ継承されなかった点は急速な改革に対する揺り戻しによる過去の王宮の形態への回帰とする見方がある。また、前期難波宮、後飛鳥岡本宮では、王宮中枢の周囲に外郭ともいえる空間が成立し、そこには官衙が配置された。これは、宮殿における行政機能の充実と考えられ、やがて王宮の中に統合され、藤原宮や平城宮にも踏襲される。

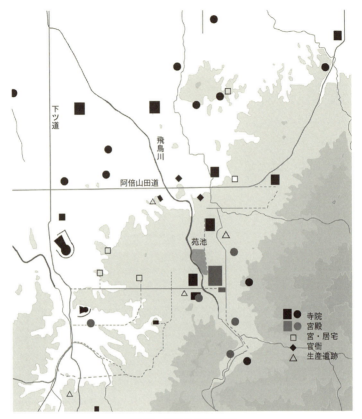

図37 飛鳥の空間構成
『書紀』によると斉明天皇は土木工事を好んだとある。飛鳥の発掘調査では斉明紀にみえる両槻宮(酒船石遺跡)、狂心の渠、漏刻(水落遺跡)などがみつかっている。

ばれる塀で囲まれた空間に建てられた、南面する3間×7間の四面庇付きの大規模な掘立柱建物と考えられている。

　そして、藤原京が造営されることにより、宮の周囲に東西、南北の道路によって区画された街区をもつ都城が成立する。こうした都の在り方は中国の都城の影響により成立したと考えられているが、

図 38　大津宮の交通路と寺院（小笠原ほか 1989）

『書紀』には大津宮に「浜台、大蔵、宮門、朝庭、殿、漏刻台、内裏仏殿、内裏西殿、大蔵省第三倉、新宮、大炊」等の宮にかかわる建物などの記載があるが、その実態は長い間不明であった。1974（昭和 49）年以降行われた大津市錦織 2 丁目付近の発掘調査により、内裏正殿・南門・回廊・塀・倉庫などが検出された。また、穴太廃寺の伽藍の建て替えや寺院の分布などから、遷都に伴い宮周辺に方位に則った正方位直線道路網が整備された可能性がある。

『書紀』にみえるその成立過程は、複雑な経緯をたどっている。

2. 藤原京の造営

造営になるまでの複雑な経緯

　壬申の乱に勝利した天武天皇は、政治システムから官人の服装、髪型に至るまで、なにごとも中国風とすることをめざした。これは、何も天皇が中国文化に憧れていたことを示すのではなく、中華思想、すなわち中国が宇宙の中心であり、その文化・思想が神聖なものであると自負する考え方を採り入れることにより、日本を東アジア社会の中で優位な地位に押し上げようとしたためである。具体的には、新羅をはじめとする周辺諸国、諸民族よりも優れた文明をもち、それを慕う国や民族から朝貢を受ける「小中華」をめざしたのである。そうした政治方針をもっていた天武天皇のことだから、中国風の都の建設にも熱心に取り組んだのである。

　しかし、『書紀』が語る藤原京造営から遷都に至る過程は、じつに複雑であり、なかなか一定の評価を与えることができなかった。それは、平城遷都の時と比較するとよくわかるが、平城遷都の場合は、慶雲4年（707）に遷都の議論がなされ、翌年に遷都の詔が出される。そして、その2年後には遷都が実現する。それに対し、藤原京の造営過程は天武5年（676）に新城に都を造ろうとしたという記事を初出とし、その後、信濃国への遷都計画など、紆余曲折を経て、持統8年（694）に遷都されるが、遷都の詔は『書紀』にはみえず、また、名前も新城から新益宮、藤原宮と3度も変わっている（表9）。

　この複雑な経緯を読み解く上で重要な成果が発掘調査で明らかになってきている。

表9　藤原京と平城京の遷都までの過程

元号	年	西暦	月	日	出来事	元号	年	西暦	月	日	出来事
天武	5	676			この年、新城に都をつくろうとするが、中止	和銅	元	708	9	27	天皇春日離宮に至る。添上添下の2郡の今年の調を免じる
	11	682	3	11	新城に使者を派遣しその地形を調査させる					30	阿倍宿奈麻呂と多治比池守造平城京司の長官に、中臣人足、小野広人、小野馬養を次官に、坂上忍熊を大匠に任じる
				16	天皇新城に行幸						
	13	684	2	28	広瀬王らを畿内に派遣し、都つくるべき地を調査させる				10	2	伊勢大神宮に平城遷都を告る
持統	3	689	9	10	新城を監察				11	7	菅原の民、90家余りを移住せ、布と穀を与える
	4	690	10	29	太政大臣高市皇に藤原の宮地を視察させる				12	5	地鎮祭
			12	29	天皇、藤原に行幸		2	709	8	28	天皇、平城京に行幸
	5	691	10	27	宮地の地鎮				9	2	天皇、新京を巡って京の人労る
			12		宅地を班給					5	天皇、藤原京に帰還
	6	692	1	12	天皇、新益京の路を視察				10	11	造平城京司に造営中に墳墓見つかった場合は、供養するよう命じる
			5	23	宮地の地鎮						
			6	30	天皇、藤原の宮地を視察					28	遷都による人民の動揺を抑えるため、今年の調と租を免じる
	7	693	8	1	天皇、藤原に行幸						
	8	694	1	21	天皇、藤原に行幸				12	5	天皇、平城京に行幸
			12	6	藤原宮に遷居		3	710	3	10	平城遷都
慶雲	4	707	2	9	王及び五位以上の者で遷都の審議がされる		4	711	9	4	この頃宮大垣は未完成
和銅	元	708	2	15	遷都の詔						
			3	13	大伴手拍を造宮卿に任じる						
			9	14	元明天皇、菅原に行幸						
				20	天皇、奈良に巡幸し地形をる						

薬師寺の発掘

　藤原京造営はいつから始まったのか。その答えを示したのは、薬師寺（平城遷都後は平城薬師寺と区別するために本薬師寺と呼ばれる）の発掘調査であった。薬師寺は天武9年（680）11月12日に天武天皇が、皇后の病気平癒のために発願した寺院であり、持統2年（688）正月には、無遮大会(2)が行われていることから、少なくともその頃には、金堂と本尊は完成していたと考えられる。当時の寺院の造営速度からすれば、発願後、さほど間を置かずに工事に着手したのだろう。

　この薬師寺の下層から、藤原京の街を区画する条坊道路がみつかったのである。藤原京ではまず東西、南北にそれぞれ約132mの

間隔で道路を通し、土地を区画した後に必要な施設を配置している。そのため、宮の下層からも条坊道路がみつかっており、これを先行条坊と呼んでいる。薬師寺の下層からみつかった道路も先行条坊であり、このことは天武9年発願の寺院より以前に、条坊道路の敷設が行われていたことを示している。これを藤原京の造営に係る一連の記事と対比すると、天武5年是年条の新城に都を造ろうとしたという記事が、唯一、道路敷設の契機を示す記事となる。そして、『書紀』を詳しくみていくと、天武5年を境に、「京」という文字がしばしば現れるようになっているのである。これらのことから、藤原京の条坊施工は、天武5年にさかのぼると考えるのが有力な学説となっている。

もちろん、その記事の後に現れる記事をどのように解釈するかは意見が分かれる。京の造営開始時には、まだ宮の位置が定まっていなかったという説もあれば、新城そのものが飛鳥浄御原宮に伴う京であったとする説、先行条坊は宮や京の計画線であるという説もあるが、いずれも決定的な根拠を欠く。おそらく、この点については今後の調査・研究により明らかにされていくだろう（図39）。

藤原宮の造営開始時期

先述したように、藤原宮の下層からは先行条坊がみつかったが、それ以外にも宮造営のための資材を運んだと考えられる運河がみつかっている。この運河からは「壬午年」（天武11年〈682〉）、「癸未年」（天武12年）、「甲申年」（天武13年）の木簡が出土していることから、宮の造営が天武末年にさかのぼることが知られる。

また、藤原宮は寺院以外で初めて瓦を採用した施設でもあった。そのため、発掘調査でも瓦がまとまって出土している。その瓦には大和国内で生産されたものと、大和以外で生産されたものの二者があることが知られ、大和以外の瓦の方が、大和国内のものよりも生

第4章 古代宮都の展開 *135*

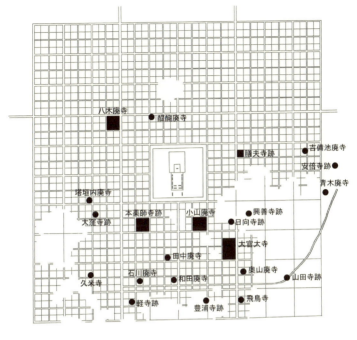

図39 藤原京の構造

条坊をもった都市の成立は、律令制の円滑な実施のために重要であった。律令制では豪族を天皇の官僚として、毎日、役所で勤務させる必要があった。その前提となるのが、官人の都市への集住であった。そして、位に応じて、宅地を与えることにより、官僚としての地位の可視化を行う必要があった。藤原京の造営は、律令制の確立に向けての重要な政策でもあった。

産開始時期が早いこともわかっている。藤原宮の下層運河からは淡路国産の軒平瓦が出土し、年輪年代法により天武11年（682）に伐採年が求められる井戸枠内埋土から近江国産の軒丸瓦出土していることから、少なくとも他地域産の軒瓦の生産開始は天武末年頃までさかのぼる。このことは、天武朝には瓦葺きの宮殿が企画され、

瓦の生産は奈良盆地以外で始められたことを示している。

さらに、持統天皇の時代に生産されたと考えられる大和国内産の瓦は大極殿をはじめとする宮中枢部で出土するのに対し、他地域産の瓦は宮の外郭から出土する傾向がある。このことは、宮の造営が外郭から進められた可能性を示す反面、宮中枢部を新しい様式の瓦で統一するために、古い瓦をストックし、外郭に用いたという考え方もある。

十条十坊の都城

1996 年に、土橋遺跡（橿原市）と上之庄遺跡（桜井市）で、藤原京の西京極と東京極が相次いで発掘調査で検出された。それによって、藤原京は東西十坊であったことが判明した。また、過去の発掘調査成果の検討から南北十条である可能性も指摘されたことにより、藤原京は十条十坊の正方形の都で、その中央部に藤原宮をおいている可能性が高まったのである。

こうした形態の都城は中国をはじめとする東アジアでは例をみない。なぜ、中国にも朝鮮半島にもない都城が採用されたのか、この問題については中国で書かれた『周礼』考工記（中国最古の技術書）に記された理想的な都の姿を、地上に現したとする見方が有力である（小澤 2014）。

藤原京が造営された頃、日本は唐との交流を行っていなかった。そのため実際の中国の都城に関する情報を得ることができず、書物からの知識により都城を造営したと考えられている。しかし、藤原京は宮が置かれた京の中心となる場所の土地が周囲よりも低いため、雨水が集まるという構造的な欠陥があった。また、慶雲元年（704）に帰国した遣唐使により、唐の都城に関する最新の情報が入ったことにより、藤原京の欠陥が明らかになったことが、この都を短命なものに終わらせてしまったという見方がある。

平城京以前の宮と都

『書紀』は天皇の即位にあたり、血縁関係と宮の場所を記している。また、歴代の天皇について記す場合には、「難波宮治天下天皇」「近江宮治天下天皇」といった具合に宮の名により天皇のことを記している。これは、天皇が代替わりのたびに宮の位置を遷す、遷宮を基本としているためであるが(3)、それと同時に、天皇の住む宮は神聖かつ重要な場所として認識されていたためでもある。

しかし、宮の構造やそこでの活動について記した記事はきわめて少なく、文献史料からは宮の具体像はみえてこない。そのため宮の実態を知るためには発掘調査が有効である。発掘調査で全体像が判明した宮は少ないものの、少なくとも難波宮造営により、政務のための空間が拡大し、皇子宮など天皇以外の宮との規模の差、施設の充実度の差が顕在化するという傾向がうかがわれ、それが後飛鳥岡本宮の段階では、宮周囲の諸施設の整備が進んだことが確認できる。さらに、飛鳥浄御原宮の時点で、これまで天皇の居所、政務の場が内裏と大極殿とに分離している。

こうした宮の構造の変化は、中央集権のための政務の場の整備の状況をよく現しており、そうしたことからも中央集権制確立までの流れを読み取ることができる。そして、再開された遣唐使により伝えられた唐の長安城の情報をもとに、律令国家の都として建設されたのが平城京なのである。

3. 平城遷都

平城宮の完成はいつか

『続紀』の記載からは平城京の建設は、比較的スムースに行われたかのようにみえる。平城宮の主要な建物は、藤原宮のものを解体して運んでいる可能性が高いことが発掘調査成果の検証によって指摘

されており（平面プランや出土瓦の共通性など）、多くの建物を新造した藤原宮よりも造営期間は短くて済んだと考えられる。『続紀』によると平城遷都は、和銅3年（710）3月10日に行われている。ただし、この段階では、未だ、工事が継続されていたことが『続紀』の記事からわかる。

　和銅4年9月2日条には、平城京の造営のために諸国から徴発された役民（国家的な労役に従事した民）の逃亡が相次いでいることや、宮の大垣が未完成であるなど、工事の遅れを示す記事があり、5年1月16日条と10月29日条には、徴発された役民が郷里に帰る途中、食糧が欠乏して餓死しているという記事がみえる。

　こうした一連の記事からすると、平城京の造営は和銅元年（708）9月30日に、阿倍宿奈麻呂と多治比池守を造平城京司の長官に任じたことにより開始され、遷都時には政務を行うために必要な施設が完成、そして、役民の帰郷問題が取りあげられる和銅5年の年末には、主要施設が概ね完成したとみられる。また、霊亀2年（716）から養老2年（718）の間には、飛鳥から大安寺や元興寺、薬師寺などの寺院が平城京へ移建されている。これらの寺院は条坊道路によって区画された町の中に建てられていることから、遅くともその頃には、街区も完成していたということになる（図40）。

　宮の中心的な建物は、天皇が政務をとり、朝賀、即位など国家の大礼を行う場である大極殿と天皇が住む内裏である。こうした重要施設は、最優先で藤原宮から移建されたと考えられていた。しかし、発掘調査によりこの考えが誤っていたことがわかった。平城京大極殿を取り囲む南回廊（大極殿院南回廊）の発掘調査で、回廊基壇を造る際の整地土から「和銅三年」銘をもつ付札木簡が出土した。整地作業を行っているときに捨てられた木簡と考えられ、付札木簡であるので「和銅三年」は荷物の発出日である。このことは、大極殿周辺の整地作業は、この木簡が示す和銅3年よりも後である

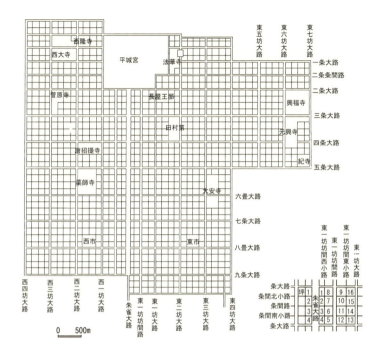

図40 平城京の構造

唐の長安城をモデルに造られたと考えられている。藤原京が京の中心に宮を置いたのに対し、平城京では北端に置くこと、都の中央を走る朱雀大路の規模が他の道路よりも突出することなど、藤原京との差異は大きい。また、京の東側に外京と呼ばれる張り出しをもっているという特徴がある。外京には興福寺や春日大社などの寺社が多く置かれたことから宗教空間であったという指摘もあるが、必ずしも寺社やその関連施設のみで構成されているわけではなく、その性格については不明である。

ことを示している。和銅3年は遷都の年、それなのに大極殿を囲む回廊は建物の建設どころか、周辺の整地すら十分でなかったのである（渡辺 2010）。

つまり、平城遷都時には大極殿は未完成であったどころか、平城遷都後に最初に元日朝賀の記事が現れるのが和銅8年正月なので、その前年の7年正月まで未完成であった可能性も浮上する。たった

ひとつの木簡の出土により、現代人が思い描いた想像図がいとも簡単に崩れ去るのも、発掘調査の醍醐味である。

起伏の激しい都

平城京などの都城は、「碁盤の目」と表現されるように整然と町割りがされていた。そのため、どうしても地形も平坦であったように思いがちがある。しかし実際には、かなり大きな起伏が都の中心部付近にもあったことが発掘調査で確認されている。

たとえば、平城京のメインストリートである朱雀大路は、宮に近い二条大路から三条大路の間区間に大きな谷が入り込んでいる。路面の高さを調べていくと、三条大路との交差点から、約270ｍ北の三条条間路との交差点に向けて、約２ｍの登り坂となっている。春日大社一の鳥居へと続く三条大路は、西京極である西四坊大路付近の路面の高さが標高約84ｍ、東一坊坊間路との交差点で58ｍ、東四坊大路付近で64ｍと、東一坊坊間路付近が最も低く、西京極との比高は34ｍにも及んでいる（図41）。

また、平城京造営以前の地形も各所にとどめていた。たとえば、西二坊大路付近を南北に流れる秋篠川は平城遷都に伴い付け替えられたものであるが、付け替え以前の流路は平城宮の西側では、大量の木の枝や根を用いて丁寧に埋められていたことがわかったが、三条大路付近では奈良時代後半でも完全に埋没していなかったことが明らかになっている。つまり、宮に近い場所でも宅地として利用しにくい土地があったのである。

平城京では宮に近い場所から身分の高い順に土地が与えられたと指摘されており、それは大まかな傾向としては正しいかもしれないが、宮周辺にも利用しにくい土地が残されていることから考えると、そう単純ではない。宮に近いという条件に加えて、地形・地質が安定した場所ということが身分の高い者に与えられる土地の条件

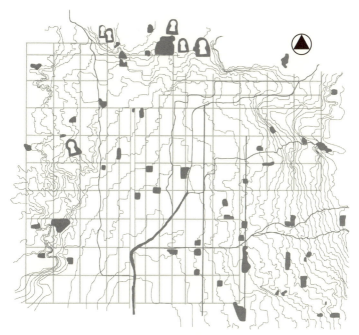

図 41　平城京の地形
平城京の造営にあたっては、京内を流れる河川を条坊道路に沿って付け替えている。その形状は現在も残っており、直角に屈折する河川が随所で認められる。こうした都市の骨格ともいえる道路建設や河川改修は京造営時に高い計画性のもと、国家主導で行われたと考えられるが、宅地内の凹凸は顕著であり、至るところに遷都以前の旧地形が残っていた。

だったといえよう（近江 2015）。

平城京の宅地の謎

　平城京の宅地にも不思議なことがある。それは、平城京の発掘調査では遷都時の遺物が出土する宅地は、きわめて限られていることである。律令に則った政治を行うためには、官僚機構が整備され、官人たちが集住することが不可欠であった。そのため京の宅地整備

と宮における行政とは不可分な関係にあるのである。『続紀』の記事では、遷都直後に行政が停滞していたようにはみえず、官僚機構が円滑に機能しているようなのであるが、いざ京内の宅地を見渡すと、遷都当初から利用されていた形跡が認められる宅地は限定的であり、考古学的には遷都時には、利用されていない宅地が大多数を占める（田辺 2002）。このことを重視すれば、平城遷都当初は、実際の行政は藤原京に残されていたとする見方もできる（図42）。

しかし、発掘調査で遺構や遺物がみつからないことによって、人が住んでいなかったと即断することはできない。考古学はあくまでも、存在する遺構や遺物をもとに研究を進める学問であるために、存在が確認できなかったということから論を進めるのは不得手なのである。みつからないということは、必ずしも存在しなかったことに直結するのではなく、もともと存在したものが、後世に削り取られてしまうなどして失われてしまった可能性も残るからである。たとえば、『古事記』を編纂したことで著名な太安万侶（おおのやすまろ）の邸宅は、出土した墓誌から、左京四条四坊にあったことが知られる。しかし、この付近では大規模な発掘調査が行われているにも関わらず、遷都時の明確な宅地は確認されていない。

文献史料に現れる施設が発掘調査を行ってもみつからないということは往々にしてある。しかし、そのことをもって文献史料の記載が誤りや誇張であったとは単純に結論づけることはできず、逆に本当にそうした施設が存在した可能性がないのかを発掘調査により詳細に検討する必要がある。

4. 宮都と交通路

藤原宮成立以前の宮と道路
奈良盆地には南北三道、東西二道の方位に正しく合致した直線道

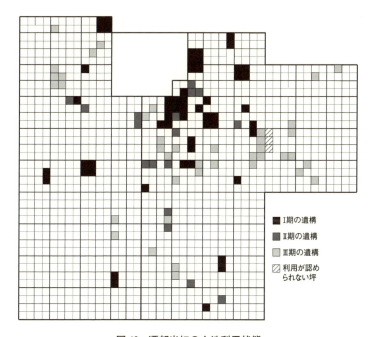

図 42 遷都当初の土地利用状態
遷都当初の遺物が出土する宅地は宮周辺の一部に限られている。左京三条二坊の長屋王邸に東接する宅地や後に市原王邸となる左京四条二坊の宅地は、遷都後しばらくの間、小規模な掘立柱建物のみで構成されており、邸宅ではなく作業場的な施設であったと考えられる。こうしたことから、宮の造営の遅れと同様、有力者の平城京移転も遅れた可能性もある。

路が存在した。これらの道路がいつ造られたかは諸説あるが、上ツ道、中ツ道、下ツ道と呼ばれる南北道路は、約2.1 km の間隔で併走しており、壬申の乱のときの大海人皇子方の将軍、大伴吹負の軍事活動の中にその名がみえる道路である。また、いずれも発掘調査でその遺構が確認されており、下ツ道は両側に側溝をもつ幅18 m 以上の直線道路であったことが知られている。一方、東西道は横大路、北の横大路と呼ばれている。横大路という名は中世の名称であるが、この路線も壬申の乱のときに利用されていることが知ら

れ、西は河内を経て西国へ、東は伊賀・伊勢を経て東国へと向かう重要路線であった。北の横大路は研究者が便宜的に名づけたもので、その当時、何と呼ばれていたかはわからない。ただ、北の横大路を東へ進むと龍田道（『万葉集』第7巻971にその名がみえる）と呼ばれる道路と連結しており、『書紀』や『続紀』にもそれを利用したと思われる記事が散見する。

　飛鳥時代以前の宮は三輪山山麓に営まれた。これらの宮の所在する地域を横大路が通過しており、道路が先か宮が先かという問題は残るものの、少なくとも地理的には東西の主要交通路に面して宮が置かれていたと指摘できる。こうした主要道路に面して宮が造られるという傾向は推古天皇の豊浦宮までであり、小墾田宮からは道路から一定の距離を置くようになる。また、推古朝には、これらの東西道路網に加えて、下ツ道に代表される南北道路網も整備された可能性がある。それとともに、東西の道路網と南北の道路網が交わる衢（ちまた）が、飛鳥への出入り口として重要な意味をもつようになり、市が置かれるとともに儀礼の場としても整備されるようである。

　舒明天皇は宮を明日香村岡の地に置いた。この場所は後に皇極天皇の飛鳥板蓋宮、斉明天皇の後飛鳥岡本宮、天武天皇の飛鳥浄御原宮が置かれた場所とほぼ同所であり、東西、南北の主要交通路からは一定の距離を置いている。そして、斉明朝に顕在化するように、ミヤコの主要施設は、東西交通路である阿倍山田道と南北交通路である下ツ道の延長路線（紀道）の間に置かれている。このことは、宮を中心とした一定の領域をもつ空間が、ミヤコと認識されるようになったことを示すと考えられる。そして、阿倍山田道沿線には山田寺、阿倍山田道と下ツ道との交差点である軽衢には軽寺、中ツ道周辺には日向寺（にっこうじ）など宮のある空間の出入り口付近で寺院が造られている。このように、飛鳥の整備は道路網を基軸として進められたようである。

また、近江大津宮周辺には奈良盆地でみられるような正方位直線道路網が存在した可能性がある。その整備時期は穴太廃寺の伽藍の建て替え時期から、遷都と同時期と考えられる。近江大津宮は、琵琶湖を利用した水上交通の便のよさが指摘されるなど、遷都そのものが白村江の敗戦による国防に対する危機意識と交通との関係で説明されることが多い。しかし、陸上交通という観点からいえば、既存の道路網を活かした遷都ではなく、むしろ遷都とともに道路網を整備したと考えられる。

既存の道路網を取り込んだ都城

　藤原京の京域はかつて、東京極を下ツ道、西京極を中ツ道、北京極を横大路によって画されていると考えられていた。藤原京の規模は、先述したように十条十坊である可能性が高くなったため、これらの道路が京極大路ではないことがわかったが、下ツ道は西二坊大路、中ツ道は東二坊大路、横大路は北二条大路に相当しているので、道路が藤原京の位置を規定しているという見方は変わらない。つまり、藤原京の造営は、既存の道路網を取り込んで計画・造営されたのである（図43）。

　平城京もやはり既存道路を基準に設計されている。平城京のメインストリートである朱雀大路を発掘すると、その下層から下ツ道が検出される。それは、朱雀門の下層や大極殿の前面でも同様であり、これらのことから平城京の中軸線は下ツ道を基準に設定されていることがわかる。下ツ道は本来、飛鳥から平城山を越えて、山背、近江へとつながる幹線道路であったが、そのような重要路線を平城宮造営のために塞いでいるのである。

　また、藤原京の時代は横大路が東国、西国へと向かうメインストリートの役割を担っていたが、平城遷都により、その役割は北の横大路に変更されるようである。この北の横大路は天理市で下ツ道と

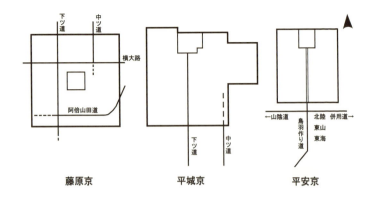

図43 都城と道路
時期により違いはあるものの、宮の立地は道路網と強い関連性が認められる。特に平城京以後の都城は朱雀路の規模が突出し、儀式の場としても利用されるようになる。また、都城内の道路の格づけが行われており、平城京では大路に面して門を造ることができるのは三位以上とされていた。

交差し、それを北上すると羅城門に至る。特に西からのルートは外交使節が利用するルートでもあり、外交使節は羅城門の南方の三橋（三崎）（『続紀』和銅7年〈714〉12月26日条など）で出迎えられ、京のメインストリートである朱雀大路を通って宮へと向かうことになる。つまり、藤原京の時代は広域道路網を京に取り込んでいるものの、それらの道路は宮中枢部とは直接接続しないが、平城京では広域道路網が宮に直結するよう改められているのである。

こうした在り方は、国府の国庁も同様であり、備後国府や下総国府などでは駅路から分岐し国庁へと向かう南北直線道がみつかっている。国府と平城宮との類似性は、宮と道路との関係においても認められるのである。

第 4 章 古代宮都の展開　*147*

交通網を意識した遷都

　延暦 3 年（784）11 月 11 日、桓武天皇は都を平城京から長岡京へと遷都することを決定する。その遷都の理由のひとつとして、水陸交通の便に恵まれていることをあげている（『続紀』延暦 6 年〈787〉10 月 8 日条、延暦 7 年 9 月 26 日条）。長岡京の近くには桂川や宇治川など、3 本の大きな川が合流し淀川となって大阪湾に流れ出る河川交通上の要衝があり、また北陸道の支路も通過している。このことが都の設計にも大きな影響を及ぼしたのである。また、長岡京以前の一時的な都である恭仁京も、木津川の水運が利用でき、平城京とも南北道路によって結ばれていた。すなわち、遷都先は交通の便がよいということが必須要件であったのである。

　第 3 章で述べたように国府や郡衙といった地方官衙も交通便がよい場所に置かれる傾向があり、古代における官衙は中央・地方ともに水陸の交通網に強く規制されていたことが指摘できる。

平安京と道路

　延暦 13 年（794）に遷都された平安京も交通網との関係がある。『日本紀略』延暦 13 年 11 日 8 日条には「葛野の地は山や川が麗しく四方の国の人が集まるのに交通や水運の便がよいところだ」と桓武天皇が述べたとあり、事実、都の東西を流れる鴨川や桂川沿いに淀津や大井津などの港を整備し、全国から物資を集める中継基地とするなど、都市計画段階から、河川交通の利用を強く意識していたことがわかる。

　しかし、道路網との関係では、これまでの都とは異なっている。それは、既存の道路網を取り込んでおらず、京の南方に十字街を設け、そこを駅路の起点としている点である。そうすることによって正式な使者は、どの方向から来ても朱雀大路を通って宮に向かうことになる。平安京は、既存の道路網を取り込むという従前の方式を

改め、都の設計段階で水陸の交通網の効果的な利用を視野に入れた上で、京南方に交通の結節点を新たに設けたのである。

宮都と道路

律令国家により全国に張りめぐらされた駅路の起点となるのは都であった。駅路は都と地方拠点とをできるだけ短距離で結ぶという路線構成に特徴のひとつがある。そのため、遷都のたびに道路網の起点も変更されることになっていた。しかし、都と道路網の関係は時代により変化していった。飛鳥に宮が置かれた時期は、飛鳥周辺に道路が張りめぐらされ、道路網に囲まれた範囲の中に宮が置かれ、重要施設は道路沿いに設置されるなど、道路を基軸として諸施設が設置されていた。藤原京は、既存の道路網を都市計画の基軸としながらも、それをもとに施工された条坊に則った都市計画がなされてた。道路沿いに諸施設を設置した飛鳥と、道路を基軸にした計画都市を実現した藤原京とでは、都市計画の思想が大きく異なることは明白である。

このように、宮都周辺における道路網の在り方の変化は、都市に関する思想や都市計画の変化と対応しており、都城の変遷を検討する際のひとつの要素として注目される。また、それと同じように地方官衙も交通路と密接な関係をもっており、そうした視点で地方官衙の推移の検討することも必要である。

コラム　古代の祭祀

律令祭祀

平城京では6月と12月の晦日に朱雀門の前で大祓(おおはらえ)という儀式が行われていた。これはすべての国民の穢れを祓うための儀式であり、神祇令によると、中臣は御祓麻(おおぬさ)(祓いに使う麻)を奉り、東西の文部(ふみべ)(東文直(やまとのふみのあたい)氏と西文首(かわちのふみのおびと)氏)は祓(はらえ)の刀を奉り、祓詞(のりと)を読む。それが

終わったならば百官の男女は祓所に集合し、中臣は祓詞(はらえのことば)を宣し、卜部(うらべ)は解(はら)え除きをすることとされていた。

『延喜式』には、その時の料物(りょうもつ)(儀式に使う資財)として金銀塗人像各2枚、贖物(あがもの)(罪や穢れをあがなうために神に差出すもの)のひとつに鐵人像2枚がみえる。これはおそらく金属で作った人形のことであろう。発掘調査でも都城から稀にこうした金属製の人形が出土している。また、実際に大祓が行われた朱雀門や壬生門の発掘調査では、この儀式に用いられたと考えられる多量の祭祀遺物が出土している。

壬生(みぶ)門前を通過する二条大路北側溝からは、人形207点、刀形・鳥形・舟形各1点が出土している。人形の中には顔を墨書で表現した例、顔だけでなく冠や衣服まで表現した例、表面には呪語、裏面には「重病受死」と墨書した例などもある。こうした祭祀具は平城京内でも主に、常時水が流れている道路側溝や運河から出土することから、水にまつわる祭祀具であったことが知られている。また、祭祀具の種類も先にあげたものに加え、木製の馬形や斎串(いぐし)、壺に墨で人面を描いた墨書人面土器、土馬などがある（図44）。

人形、刀形・鳥形・舟形など人や動物、器財の形を模した祭祀具は形代(かたしろ)と呼ばれる。神霊が依り憑く対象物のことであり、古くは縄文時代の土偶や動物形土製品などもその一種である。古墳時代には石で鏡や刀などの模造品を作るが、藤原京の成立頃から木製の人形をはじめとする新しいタイプの形代が成立し普遍化する。

墨書人面土器も穢れや病を祓う意味があったと考えられる。墨書人面土器には、弱々しい顔を表現したもの、引き締まった顔を表現したもの、目を見開き猛り狂った顔を表現したものなどさまざまなものがあり、ひとつの遺跡からまとまって出土することが多い。弱々しい顔のものは、病気になった人がそれを祓うために、衰弱した自分の顔を描いたものという説があり、猛り狂った顔は異国の鬼の顔を現し、我が身に取り憑いた穢れを祓うという意味があったと考えられている。絵巻物などの絵画資料が乏しい飛鳥・奈良時代において、人々のさまざまな表情を知ることができる数少ない資料でもある

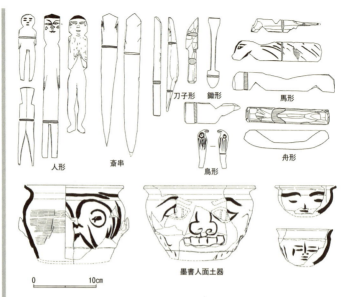

図44 祭祀遺物（奈良文化財研究所 2004 をもとに作成）

罪や穢れを人形に負わせ、それを舟形や馬形が担い、鳥形が先導する。斎串は結界を示し刀形は空間を浄化するなど、それぞれに役割があったと考えられている。都城では河川や常時、水が流れる道路側溝や井戸からまとまって出土する傾向にあり、平城京では基幹水路のほぼすべてから祭祀遺物が出土している。また、地方官衙とその周辺では河川や湧水池点からの出土が目立つ。木製品という材質状の特質から水分が豊富な場所でなければ残りにくいということはあるものの、基本的には水との関連性が強い祭祀具であると考えられる。

地方官衙と祭祀遺物

　こうした祭祀具の出土は、都に限ったものではなく地方でも官衙の周辺からまとまって出土している。国府では都と同様、神祇令の規定により大祓が行われていた。発掘調査でも祓所と思われる遺構がみつかっており、それは国府に近接するさほど幅が広くない河川から、多量の人形などの祭祀遺物が集積していることによって把握されている。但馬国府から北東約1kmの地点に位置する深田遺跡（兵庫県豊岡市）では沼状の窪地から多量の人形をはじめとする木製祭祀具がみつかっている。ま

た、深田遺跡の東方約 300 m の地点にある河岸遺跡では、平安時代の溝から多数の人形、馬形、斎串などが出土している。このように国府周辺では、数カ所の祓所と考えられる遺跡がみつかることがある。

郡衙においても祓所と考えられる同様の遺跡がみつかる例が多い。先に紹介した弥勒寺官衙遺跡群や下寺尾官衙遺跡群でも、水辺の祭祀場の跡がみつかっている。こうした事例が多くの郡衙でも認められることから、律令にもとづく祭祀が、郡司層までまきこんで行われていたことがわかる。

また、武蔵国幡羅郡家（埼玉県深谷市）の祭祀場と考えられる西別府祭祀遺跡（同熊谷市）は、郡家成立以前の7世紀後半から湧水地点の祭祀が始まる。当初は古墳時代以来の伝統的な櫛形や剣形などの石製模造品を用いた祭祀であるが、郡衙の整備が行われた8世紀になると、人名や呪術的な特殊記号、願文などを記した墨書土器を用いた祭祀に変わっている。木製形代が出土していないので、確実なことはいえないが地方官衙の整備が、伝統的な祭祀場における祭祀形態を変更させた可能性がある。

境界祭祀

『続紀』には天平7年（735）、西国で流行した疫病の蔓延を食い止めるために、道饗祭を行うよう天皇が命じたとある。道饗祭とは、道路を通って進入してくる疫神を、酒食で接待してお引き取り願おうという祭りであり、『延喜式』によると、毎年6月と12月に都の四至の道路の交差点で行うこととされていた。これとよく似た祭祀は境や峠、駅路の沿線で行われたようである。使用される祭祀具は大祓と変わりはない。

『常陸国風土記』には、常陸国に公用の使者が入るときの作法として、口をすすぎ手を洗い、東を向いて香島（鹿嶋）の大神を拝することとなっていたと伝える。また、『万葉集』には、都から諸国に行く人を見送る場合や、諸国にやってきた人を出迎えたり、見送った時の歌が掲載されているが、その多くは国境付近の山の麓や、山地に差し掛かる手前の駅家など、地形の変換点の手前になっている場合が多い。そして、境界の祭祀場と思われる遺跡は、神坂峠のように峠の頂上にある場合もあるが、国境付近の山麓や川辺で確認される場合が多い。伯耆国と因幡国

の国境付近にある青谷横木遺跡（鳥取県鳥取市）は山陰道駅路の通過点であり、湿地から人形や馬形などの木製祭祀具がまとまって出土している。

　古代の人々は、よい神も悪い神も道路を通ってやってくると認識していたようである。そのため、境界では悪神を追い払い、善神を招き入れる儀式が行われた。このように古代の祭祀遺跡がみつかる場所は全国的にみても共通点が多いのである。

民間祭祀

　律令祭祀とは異なるが、民間レベルの祭祀についても、全国的な広がりが認められるものがあるのでこの点についても触れておきたい。『日本霊異記』には、「閻魔王の使の鬼の、召さるる人の饗を受けて、恩を報いし縁」という話がある。

　讃岐国山田郡に住む布敷臣衣女はある日、突然病気になった。衣女は疫病神に贈り物として、山海の珍味をととのえて門の両側に置いた。そこへ、閻魔大王の使いの鬼が衣女を召し出しにきたが、衣女を探すのに走り回って疲れていた鬼はご馳走を平らげた。鬼は衣女に恩を感じ、衣女と同姓同名の女を代わりに連れていくことを提案し、衣女は鵜垂郡に同姓の衣女がいることを告げた。

　鬼は鵜垂郡の衣女を閻魔大王のもとに召し連れていったが、閻魔大王は偽者であることを見破り、改めて山田郡の衣女を召しだした。鵜垂郡の衣女は、許されて家に帰ったが、その体をもう火葬にされてしまっていたので、閻魔大王は山田郡の衣女の体を鵜垂郡の衣女に与えた。山田郡の衣女の体で蘇った鵜垂郡の衣女は、4人の父母と両家の財産を得ることになった、という話である。

　この山田郡の衣女が行った、門前にご馳走を置いて鬼を接待するという祭祀が、実際に行われていたことが発掘調査でわかっている。柴遺跡（兵庫県朝来市）からは「左方門立」と書かれた木簡が出土している。この木簡は『日本霊異記』の話と同様、鬼を摂待するために門前にご馳走を備え、その傍らに立てたものと考えられている。また、上谷遺跡（千葉県八千代市）からは、「召代」という文字と人名が書かれた墨書土器がまとまって出土している。「召代」とは「身を（あの世に）召され

る代わり」を意味すると考えられ、土器に名を示した人物が鬼を接待するために用いた土器だと考えられる。讃岐国の話にみえるものと同様の祭祀が播磨国や下総国でも行われていたのである。

このような祭祀がどのように各地に広がったかは定かではないが、少なくとも、律令制の成立により、全国から多く民が自ら住む土地と都とを往来した結果、各地の情報や文化が、全国に広がった可能性がある。

漢神信仰

『続紀』延暦10年（791）9月16日条には、伊勢・尾張・近江・紀伊・若狭・越前国に対し、百姓が牛を殺して漢神を祀ることを禁止したとある。漢神とは中国から伝わった神で、牛馬を葬り神に捧げることにより雨乞いをするというもので、『書紀』皇極元年（642）7月25日条に「殺牛馬祭諸社神」とみえることから、この頃には日本に伝わっていたことがわかる。古代では牛馬は貴重な労働力であり、それをむやみに殺すことは禁じられていた。『類聚三代格』延暦10年9月16日の太政官符「応禁制殺牛用祭漢神事」によれば、違反した場合は徒（懲役）1年という重い罪であった（廐庫律）。こうした禁令が出された背景には、牛馬を殺し雨乞いを行うという信仰が広く定着していたことがあったのだろう。

発掘調査でも道路の側溝や井戸、川から牛馬の骨の一部が出土することがあり、漢神信仰に伴うものであった可能性がある。しかし、廐牧令によると官の馬牛が死んだならば、それぞれ、馬の皮と脳髄、牛の角、胆嚢を取ることとされ、皮と肉は所在の官司が売りに出すこととされている。馬の脳漿は皮なめしにつかわれ、牛の胆嚢は薬として利用され、胆石は牛黄という万能薬として珍重されていた。このように、死亡した牛馬は解体され、さまざまな利用をされているので、発掘調査で出土する牛馬の骨のすべてが祭祀に関わるものとは断定できない。

註

(1) たとえば上宮王家の場合は、居所が斑鳩の宮、経済及び軍事基盤が壬生部、宗教基盤が斑鳩寺といった構成であり、このような宮の在り方は奈良時代も同様であることが長屋王木簡から確認されている（平城京

左京三条二坊一・二・七・八坪－片岡など－観音寺など)。上宮王家の場合は、厩戸王から山背大兄王に、長屋王の場合は高市王子から長屋王に継承されていたことがわかっており、宮と財産は王族内で継承されていた。
(2) 天皇が施主となり男女問わず多くの人が供養布施をする法会。
(3) 後飛鳥岡本宮と飛鳥浄御原宮は場所が同じであり、施設の多くも踏襲したと考えられるが名称を変えている。

第5章　律令制度の瓦解と地域の時代へ
―遺跡にみる社会の変化―

1. 律令国家の変質と崩壊

地方行政の変化

10世紀のはじめになると中央集権体制がいきづまり、10世紀中頃には崩壊する。時代の大きな転換期であるので、時代背景を少し詳しく述べよう。中央集権体制がいきづまるきっかけとなったのは、聖武天皇の時代に行われた恭仁、紫香楽、難波、平城へという相次ぐ遷都、国分寺・国分尼寺の造営、東大寺の造営といった大規模な公共工事であった。こうした工事に駆り出された民は、そのつらさから逃散し、故郷を捨て流浪した。本願地（戸籍に記載された土地）からの逃亡が相次いでいたのは天平6年（734）の出雲国計会帳（公文書のやりとりの記録）などからもしられる。民ひとりひとりの性別と年齢に応じて課税する人頭税方式を執っていた当時の国家からすれば、これは経済基盤を揺るがすものであった。

そして9世紀になると、地方でも大きな変化が現れる。「富豪之輩」（史料での初出は『日本後紀』大同元年〈806〉正月29日条）と呼ばれる富裕層の出現である。富豪之輩は、自らは耕作を行わずに、大量の稲穀や牛馬を所有し、稲穀を農民に貸し付けて利子をとったり（私出挙）、所有する牛馬を営田や物資の輸送に投入したりすることにより莫大な富を得た。また、逃散した農民を取り込み荒廃田や新たな土地を開墾し、ますます富を増やし、やがては郡司をも凌ぐ実力を蓄える者も現れた。

そうした不安定な社会情勢の中、税の納入は滞るようになり、政

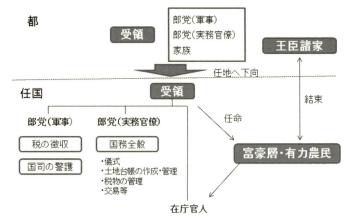

図 45 受領による地方支配システム

国司制度の改革に関する太政官符は寛平 8〜10 年（896〜898）にかけて次々と発出された（『類聚三代格』）。これによって国司の長官である守が任国における最大の権限を得ることなり、介以下の国司や郡司の力は急速に低下した。また、受領は自らが引き連れてきた郎党に国内の行政を監察させ、有力な富豪層を国府で採用し、在庁官人として国内の行政にあたらせるようになった。ただし、富豪層の中には王臣家と指摘な主従関係を結んでいるものも多く、在庁官人として任命されても、受領の命令に従わなかった者も少なくなかった。

治に対する不満や地方における権力抗争あるいは税金の使い込みの証拠を隠滅するために、国府や郡家の正倉に放火する事件も相次ぐようになる（神火事件）。朝廷はこうした事態に対し確実に税を徴収するために国司を厳しく監察することとしたが、それだけでは十分ではなかった。そして、より納税の実効性を高めるために、国司に対し任期単位で一定の税を都に納めることを条件に、任国を自由に支配する権限を与えたのである。9 世紀後半に成立した納税請負人としての国司を受領という（図 45）。

　中央集権体制は中央が土地と民を直接支配することを原則とするが、国司の受領化はそれを放棄したことにつながる。以後、朝廷は地方における紛争を調停する機関としての役割を果たすようになる

が、律令による中央集権体制は、これをもって終焉を迎えたといえる。戸籍・計帳によって把握された人民支配を行った律令国家の時代から、土地（公田）を収取の基礎単位とする王朝国家（古代と中世との過渡期の国家概念）の時代へと変化したのである。

戦乱と新たな社会システムの誕生

 天慶2年11月21日（939）、平将門が常陸国府を襲い、これを陥落させてしまう。さらに、将門は下野、上野、武蔵など坂東諸国の国府を次々と落とし、瞬く間に関東一円を支配下に置く。この乱は、翌年2月14日、乱の鎮圧にあたった下野国押領使（警察・軍事を司る令外官）藤原秀郷と、左馬允（律令制における馬寮の官司）平貞盛の連合軍との戦いの中、将門が流れ矢により落命したことにより、あっさりと幕を閉じるが、朝廷に大きな衝撃を与えた（図46）。

 将門の乱から約100年が過ぎた長元元年（1028）6月、平忠常が安房国府を襲撃し、安房守平維忠を殺害する事件が起こった。朝廷はすぐさま追討使として平直方を派遣したが、忠常はそれを撃退、この戦いにより房総三国の田畑は荒廃する。直方の後任として忠常鎮圧にあたったのが甲斐守源頼信であり、忠常は戦わずして頼信に投降する。

 頼信の父、源満仲は都を活動の場とする軍事貴族であり、摂関家と接近することにより武蔵・摂津・越後・越前・伊予・陸奥国の受領を歴任し、莫大な富を築きあげた後に摂津国多田に土着する。そして多数の郎党を率いて武士団を形成し、長徳3年（997）に卒去するまでこの地を開拓する。頼信は満仲の三男で、藤原道長に仕え各国の受領を歴任した後、河内に土着し源頼義、義家らを排出する河内源氏の祖となった人物である。忠常が降伏したのも頼信との間に私的な主従関係があったからだと考えられている。

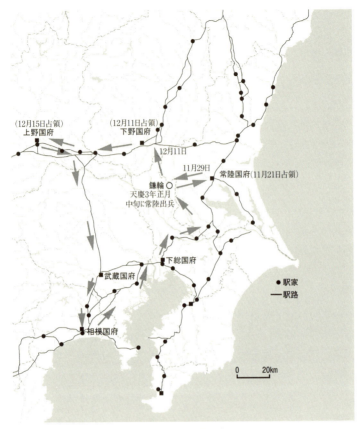

図46　平将門の乱

常陸国府を制圧した将門は、鎌輪の本拠に帰還するが、12月11日には下野国府に出動しこれを制圧、15日には上野国府に向けて進軍し19日には制圧する。翌天慶3年正月半ばには、残敵掃討のために常陸国北部へと向かっているので、わずか一月ほどの間に、板東一円を支配下に置いたことになる。そうした迅速な軍事行動ができた背景には、律令国家が整備した道路網の存在が考えられる。

また、頼信は忠常の乱の鎮圧のために坂東に赴いたことによって、坂東の武士団と主従関係を結んだ。これが、源頼朝による鎌倉幕府の成立の礎となったとされている。軍事貴族を中心とする広域的な軍事勢力の誕生である。律令国家から王朝国家へという体制の移行は、律令制度により序列化された身分の上下関係の中から、制度とは無関係の私的な主従関係を生み出していったのである。

奥州の騒乱と武士による統治

鎌倉幕府に象徴される武士による統治の始まりは、奥州の地に求められる。永承6年（1051）、奥六郡（胆沢郡、江刺郡、和賀郡、紫波郡、稗貫郡、岩手郡）において強大な勢力を誇っていた安倍氏が朝廷への税の納入を怠る状態になったため、陸奥守藤原登任が安倍氏懲罰のために軍を起こしたことにより前九年合戦が始まる。この合戦について記した『陸奥話記』には、律令制による官職を得てはいないものの地域の実質支配を認められていた安倍氏という在地勢力の存在がみえる。

『陸奥話記』によると、この時の安倍氏の当主である安倍頼良は、陸奥大掾安倍忠良の子とされる。これが事実だとすると、国司の三等官の子ということになるが、頼義自身は俘囚長（朝廷に服属する蝦夷の代表者）を称し、奥六郡の実質支配を行うかわりに、陸奥の物産を朝廷へ納める役割を果たしていたという。つまり、頼良は辺境の地の実質支配を少なくとも陸奥国府から認められた存在であったのである。

安倍氏は藤原登任の後任として陸奥守となった源頼義に一度は服従するが、頼義の配下を襲った犯人が頼時（頼義に服従した時に頼良から改名）の子、貞任と疑われたことにより、離反。黄海合戦で源頼義を大いに破るも、出羽国の仙北三郡（仙北郡、平鹿郡、雄勝郡）の豪族清原氏の参加を得た頼義軍に敗れ、最後の砦である

厨川柵（岩手県盛岡市）の陥落をもって合戦は終結する。清原氏も血脈をたどれば中央官人にいきつくと考えられるが、この頃は俘囚主として安倍氏と同様、仙北三郡の実質支配を認められていたと考えられる。なお、この合戦の勝利に大きく貢献した清原武則は、合戦の後に鎮守府将軍の地位を拝領する。

　安倍氏、清原氏ともにその実力により支配権を承認されたという点で共通する。一般に源頼朝から始まるとされる武士の世は、その軍事力をもって支配権を朝廷に承認させるが、その萌芽が奥州の地では安倍氏の時代にみられるのである。

　なお、清原氏の内紛に勝利した清原（藤原）清衡は、前九年合戦により滅亡した安倍頼時の娘と安倍氏とともに戦った亘理（藤原）経清の子で、母が前九年合戦後に清原武則に嫁いだことによって清原氏の一員となった。清衡は源義家の支援を得て一族の争いに勝利し、奥州藤原氏の初代となる。清衡は寛治5年（1091）に関白藤原師実に馬を贈ることにより接近し、以後、京の藤原氏との関係を保ちながら奥州の覇者となり、基衡、秀衡、泰衡の四代にわたってこの地に君臨することになる。そして、軍事貴族のもう一方の旗頭であった平家を倒し、奥州藤原氏を打倒した源頼朝によって、武士の世の本格的な幕明けを迎えるのである。

2. 律令制の崩壊と遺跡

地方官衙の変化と廃絶

　平城京において各省の出先機関が京内の各所に設置されるなど、官衙の肥大化が進む8世紀中頃以降、地方でも同様のことが行われている。国府は8世紀後半から9世紀にかけて主要建物が掘立柱建物から礎石建ち瓦葺きに建て替えられ、国庁を囲む塀も板塀から築地塀へと変化するものがあるなど、規模の拡大だけではなく施設が

荘厳化される傾向がみられる。

　郡衙では正倉を瓦葺きとするものが現れる反面、正倉の数や規模を縮小するものも現れる。先述したように8世紀後半以降、郡衙の正倉が「神火」と呼ばれる不審火により焼失したという記事が散見される。発掘調査でも正倉跡付近から大量の炭化米が出土する事例が東北から九州に至る広い範囲で認められている（表10）。

　なお、余談となるが郡衙の遺跡の中には、「長者」という文字が冠せられているものが多いが、これは土の中から出てくる大量の焼米をみた後世の人が、その場所にはかつて大量の米を抱えていた裕福な長者がいたこと考えたことによる。郡衙の正倉付近には、長者の館が焼き討ちにあったという伝承が残るものも多く、「長者」という地名が郡衙の遺跡を探す場合のヒントになる場合も多い。

　相次ぐ神火事件は郡衙の構造にも大きな変化をもたらした。延暦14年（795）には、郡衙に集中して置かれていた正倉を郷に分置する施策が出される。さらに、これまで正倉に備蓄され、基本的には使用しないとされていた不動穀の運用が決定された。この不動穀は毎年、増加する一方のものであり、それを収納する不動倉の数も不動穀の増加に伴い増加していくものであったが、それを運用することによって正倉そのものの役割が低下するようになる。

　そして、10世紀中頃になると郡衙そのものが廃絶する例が目立つようになる。これは国司の受領化と密接な関係がある。受領は徴税さえすれば、それ以外の実務を行う必要がないため、地方行政を行うために整備された役所の施設は不要となる。また、受領は有力農民（田堵）に耕作を請け負わせ、そこから官物（租庸調の系譜を引く税）を納めさせ、その徴収を郡司ではなく自らが率いる郎党に委ねたため、本来、税に関わる実務を行っていた郡衙の役割が消滅したのである（佐々木 2004）。こうした郡衙の廃絶は、ほぼ同時期に全国的にみられる傾向であり、郡衙は律令制の崩壊とほぼ同時に

表10 炭化米が多量に出土する郡衙と正倉焼失の記事 （奈良文化財研究所2004をもとに作成）

遺跡	国	郡	備考	遺跡	国	郡	備考
南小林	陸奥	未定				緑野	「続紀」宝亀4年火災
東山官衙		賀美	茅葺炭化材出土	日秀西	下総	相馬	
一里塚		黒川	郡衙か正倉別院			猨嶋	「続紀」神護景雲3年火災
郡山台		安達	頴稲とみられる炭化米含む		上総	夷灊	「類聚国史」弘仁7年火災
清水台		安積	古事記に炭化米出土とあり		武蔵	入間	「寧楽遺文」神護景雲3年火災
関和久		白河		御殿前		豊嶋	
泉		行方	「続紀」宝亀5年火災		越中	礪波	正倉別院が昌泰4年火災
根岸		磐城		国府	甲斐	山梨	
郡		菊多			遠江		「日本三代実録」元慶5年火災
長者屋敷	常陸	久慈	炭化米出土	弥勒寺東	美濃	武儀	炭化頴稲出土
台渡里		那賀	長者山地区	岡	近江	栗太	多量の炭化米出土
神野向		鹿嶋		大高野	伯耆	八橋	
東平		茨城	正倉別院か。安侯駅家付近	長者屋敷		会見	
古郡		新治	「紀略」弘仁8年火災	団原	出雲	意宇	山代郷正倉別院
平沢官衙		筑波		安木市沢町		意宇	頴稲とみられる炭化米出土
西坪		河内		後谷		出雲	
中村	下野	芳賀	正倉別院か第2次芳賀郡衙	小郡官衙	筑後	御原	第1次御原郡衙
長者ヶ平		芳賀	芳賀郡衙支所・正倉別院か	長者屋敷	豊前	下毛	
多功		河内		立願寺	肥後	玉名	
千駄塚浅間		寒川					
天良七堂	上野	新田					

神火は、当初は神罰や天災であると認識されていたが、次第に郡司などの役人の地位をめぐる政争や国司・郡司らによる正税虚納や官物押領の隠蔽などを目的とした放火であることが明らかになった。東国の郡衙正倉で顕著にみられることから度重なる蝦夷戦争に対する批判による放火という見方もある。ただし、米が炭化するのは土中での化学変化や土壌成分との置換による場合もあるので、炭化米の出土をすべて正倉火災と結びつけることに対して慎重な見方もある。なお、遺跡名が空欄のものは、火災の記事はあるが、それに対応する遺跡が未確認のもの。

姿を消したといえる。

　国府も10世紀になると、中心施設であった国庁の規模が縮小し、逆に国司館が規模を拡大する。これは、国司が国政の代行者から、実質的な地方の支配者へと変化したことと対応していると考えられる。受領となった国司は、律令の規定による地方行政から解放され

たため、国庁や曹司による文書行政を行う必要がなくなったのであり、自らの館を執務の場とすることで足りたのである。

駅路の変化と廃絶

　律令国家が造りあげた全国的な道路網である駅路にも、律令制の変質から解体の影響が明瞭にみられる。8世紀後半には、北陸道駅路や南海道駅路で幅9m以上あった駅路が5〜6mへと縮小していることが確認されており、山陽道駅路や西海道駅路、東山道駅路でもほぼ同じような現象が認められる。また、場所によっては、規模を縮小しただけでなく、路線そのものをつけ替えた事例もある。この駅路のつけ替えや改変は、文献史料にもいくつか記録が残っている。発掘調査により、全国的に駅路の改変が確認される8世紀後半に前後して、桓武天皇、平城天皇の命により駅路の見直しが行われていたことが『続紀』や『日本後紀』の記事から知られる。

　そして10世紀に入ると、廃絶する駅路が現れる。道路そのものが、使われなくなったものもあれば、道幅を大きく縮小し直進性を失うものなど、廃絶の仕方は多様であるが、駅路の最大の特徴である「幅の広い直線道路」は姿を消してしまう。その時期は、まさに地方官衙の廃絶と同時である（近江 2014）。

　駅路はもともと中央集権体制のもと、都と地方拠点とを最短距離で結ぶ目的で造られたものであるが、その維持・管理は通過する地方が担っていた。つまり、駅路を必要としたのは国家であり、地方からすれば維持・管理の負担のみが課せられていたといえる。そのため、国家の地方に対する影響力が弱まれば、地方がその維持を行う必要性は失われ、より維持・管理が容易な路線につけ替えられ、また幅も通行に必要な程度に狭められたのである。

律令制の崩壊と遺跡

　地方官衙も駅路も、律令国家が地方支配のために置いた施設である。これらの施設が置かれた本来の目的は、律令による地方支配を行うためであった。いわば中央による支配装置であり、地方からすれば特に必要のない施設であった。そのため、中央の地方支配体制が大きく変化することにより、いとも簡単に廃絶したのである。中央の政策転換が地方にどのような影響を与えたのかということを、遺跡は雄弁に物語っているのである。

　このように、律令国家の成立から解体に至るまでの経過は、地方官衙や駅路といった中央集権実現のために置かれた施設を追求することにより、文献史料以上に明瞭にとらえることができる。ただし、これは地方官衙や駅路をトータルでみた場合に浮かびあがる歴史であり、それぞれの地域や遺跡をみていくと、地域ごとの事情や施設の個性がみえてくる。そうした地域の個性を追求することも、考古学に課せられた重要な使命である。

3. 新たな時代への萌芽

開発領主の足取り

　9世紀初頭頃に富豪層が出現したことは、集落遺跡でも確認される。古代の集落は、基本的に同規模の竪穴建物と倉庫と考えられる掘立柱建物からなる事例が目立つ。律令の規定通り、50戸をひとつの集落単位としているわけではないが、均質的な戸が集住している様子がうかがわれる。また、関東の遺跡では集落内で小鍛冶や紡績などの手工業生産を行っている事例、複数の倉庫を伴う事例も確認されている。畿内では、住居の形態こそ掘立柱建物であるという違いはあるものの、集落形態そのものに大きな違いは認められない。

　しかし、8世紀後半になると平城京の宅地でみられるような、大

第5章　律令制度の瓦解と地域の時代へ　165

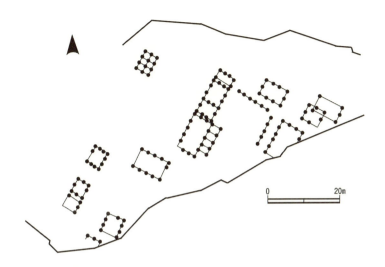

図47　富豪層の居宅と考えられる十万遺跡（香我美町教育委員会 1988）
富豪層の居宅と考えられる遺跡は、一般の住居よりも規模が突出していることによって認識されているが、その在り方は多様である。主屋、副屋、厨など複数の居住に係る施設と倉庫群からなるという基本構造は共通するものの、集落と離れた場所に単独で立地するものと、集落内の一角を占めるものとに区分できる。敷地の規模も 1500 m^2 程度から 2400 m^2 におよぶものがある。一口に富豪層といっても富の程度には差異があり、その違いが居宅の規模や構造にも反映されていると考えられ、考古学的に富豪層の居宅を抽出するには、周辺の平均的な住居との比較によることになる。

型の掘立柱建物からなる居宅が各地で出現する。十万遺跡（高知県香南市・図47）、長畑遺跡（滋賀県甲良町）、多功南原遺跡（栃木県上三川町）などがそうした例で、ひときわ大きな中心的建物に倉庫を含むいくつかの掘立柱建物群からなる遺跡は、この頃から出現する富豪層の居宅跡の可能性がある。

また、この時期には2〜3棟の掘立柱建物が単独でみつかる例も増加している。こうした遺跡は、これまであまり集落が営まれていなかった沖積地、谷筋に面した丘陵部、山林などでみられる場合が多い。古代の開発はすべて大規模な荘園開発であったわけではな

く、班田農民の中にも谷筋など水が得やすく、開墾しやすい土地に進出した者がいたのである。このような小規模な墾田の存在は天平神護2年（766）の『越前国足羽郡道守村開田地図』などからも知られている。また、山地など耕作に適さない土地に立地する遺跡は、杣や木地屋、鉱山開発などとの関係が考えられる。

一方、小谷地遺跡・中谷地遺跡（秋田県男鹿市・五城目町）では、奈良時代後半から平安時代初めの大がかりな灌漑施設が発掘されている。河川から木樋によって引き込んだ水を太陽光によって暖めた後に、水田に引き入れる仕組みになっており、寒冷な土地における稲作の工夫がみられる。こうした技術は、生産力の増大を狙ったものと考えられ、単に開墾するだけでなく農耕技術の改良が行われたことがうかがわれる。

このように全国各地の古代集落からも、富豪層らによる新たな墾田開発の足取りを明瞭に読み取ることができる。こうした流れを単純化すれば、8世紀代の均質的な集落＝律令制による班田農民の集落、8世紀末以降にみられる大規模居宅＝富豪層の屋敷という図式となり、文献史料から想定される社会の動きと合致する。

もちろん、集落遺跡はさまざまな情報をもっており、このような全国的な社会情勢を伝える情報もあれば、地域固有の情報もある。こうした遺跡がもつ情報を的確に把握し、それぞれの意義を明らかにしていくことが重要である。

古代集落の終焉

古代集落は、概ね10世紀後半頃に姿を消す場合が多い。関東では、この頃に前後して台地上に大規模な掘立柱建物を設けた居館と考えられる遺跡が出現する。そして、こうした遺跡からはしばしば武器の出土がみられる。一方、畿内では平野部に方半町から1町規模の周囲を堀で囲んだ方形の居館がみられるようになる。こうした

居館は、防御性を重視しているようであり、武士の館である可能性が考えられる。また、集落の様相は古代のそれとは大きく異なり、住居と考えられる竪穴建物や掘立柱建物が密集するような集落は認められなくなる。

東北地方における城柵の展開

奈良時代から平安時代にかけて、蝦夷征討の名のもとに東北の地に何度も中央から征討軍が派遣された。特に、桓武天皇が延暦24年（805）に、参議藤原緒嗣の建言を取り入れて中止を命じるまで続く、いわゆる「三十八年戦争」と呼ばれる長い戦いは朝廷も蝦夷もともに疲弊させた。律令国家が東北経営のために造った城柵は、中央による東北の支配領域の拡大を具体的に示しているが、一方で、度重なる戦争の経験が、東北の地に防御性に優れた居館を出現させた（図48）。

中央による支配領域は、坂上田村麻呂の蝦夷征討のときには、盛岡市と秋田市を結ぶラインまで拡大する。しかし、出羽国の拠点である秋田城は10世紀後半には機能を停止しているようで、弘仁2年（811）、文室綿麻呂の建議により、志波城から移転した陸奥国最北の城柵である徳丹城は、9世紀半ば以降に機能を停止したようである。国家による東北支配は三十八年戦争までは支配領域を軍事的に拡大する戦略をとっているが、9世紀半ば以降には支配の象徴ともいえる城柵の機能が衰え、停止へと向かっていく。このことと対応するように、国家による対蝦夷戦略も軍事的圧力から融和政策に転換している。そうした中で、陸奥・出羽の在地の有力者層と城柵へ中央から派遣されてきた中・下級貴族が婚姻関係を結んだりすることにより、安倍氏や清原氏といった都と地方の双方に人脈をもつ新たな地域勢力が東北の地に誕生したと考えられている。

続いて、城柵による支配が終了する10世紀後半頃に東北に出現

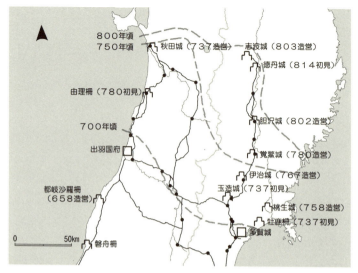

図48　東北の城柵

『日本書紀』と『続日本紀』には、国家が東北経営のために置いたほとんどの城柵の設置年代が記されている。城柵の初見は大化3年（647）に越国に置かれた渟足柵であるが、この遺跡は未だみつかっていない。現在、発掘調査でみつかっている最古の城柵は、仙台郡山遺跡であり『日本書紀』には、記載がみえないものの、7世紀中頃には造営されているようである。その後、多賀城が神亀元年（724）に造営されたとあり、そこから時代を追うごとに城柵は、段階的に北上していく様子がうかがわれる。

した防御性の高い遺跡についてみていこう。大鳥井山遺跡（秋田県横手市）は、横手川と吉沢川の合流点にある大鳥井山、小吉山と呼ばれる独立丘陵に立地する。丘陵の東側には、羽州街道が南北に走り、それを挟んで台処館と呼ばれる同時期の居館跡の可能性が指摘されている遺跡がある（図49）。

大鳥井山遺跡は、周囲を土塁－空堀－土塁－空堀の順で二重に囲んでおり、最大の空堀は幅10m・深さ3mにも及ぶ。空堀の内側には柵列があり、この柵に沿って物見櫓と思われる建物跡が確認されているなど、中世の山城を彷彿とさせる高い防御性を誇っている。しかし、堀の内部で確認された掘立柱建物は1間×1間または

第5章 律令制度の瓦解と地域の時代へ　169

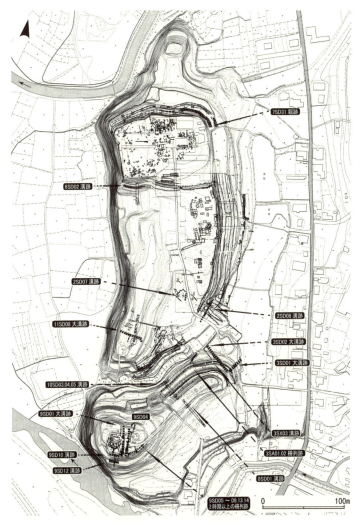

図49　大鳥井山遺跡（横手市教育委員会 2009）
大鳥井太郎頼遠の城柵と考えられている。頼遠は清原光頼の子で安倍正任を匿ったことで『陸奥話記』に名がみえる。安倍宗任が鳥海三郎、貞任が厨川次郎と称されていることからして、頼遠は大鳥井柵に居住する清原氏の長男であったと考えられる。

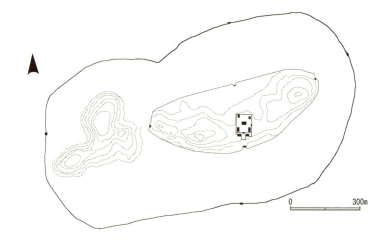

図50　払田柵跡
『続紀』には雄勝城は藤原朝狩が天平宝字3年（759）に築造したとある。それに対し、払田柵は発掘調査により9世紀初頭の造営であると考えられるので、時期的に矛盾する。ただし、払田柵が多賀城をしのぐ規模であり、この地域に造られた城柵は雄勝城のみであることから、8世紀中頃に造られた前身雄勝城の存在を想定し、それが9世紀に移転されたのが現在の払田柵であるとする説が示されている。

1間×2間と小規模で、竪穴建物はカマドをもっていない。また、館の最高所には阿弥陀堂の可能性がある四面庇建物がある。つまり、これだけ厳重な防御をしているにも関わらず、内部の建物の多くは貧弱であるが、宗教施設をもっているという特徴がある。

独立丘陵上に立地し、周囲に防御を施すという点は、近接する払田柵（大仙市）とよく似ている。払田柵は文献史料にみえる雄勝城の可能性が指摘されており、その外郭にめぐらせた木柵の伐採年は年輪年代測定によると801年であり、征夷大将軍坂上田村麻呂による蝦夷征討が行われた頃の年代を示している。（図50）。

藤原秀衡が造った柳之御所（岩手県平泉町）は、立地こそ北上川

第5章 律令制度の瓦解と地域の時代へ　171

図51　平泉の町（五味 2012）
初代清衡が平泉館（柳之御所）と中尊寺を造って以来、代を重ねるたびに都市整備が進められた。2代基衡には、平泉館での新しい中心地となる大型建物の新築、毛越寺の建立と東西大路の整備、3代秀衡は、平泉館の大改築、無量光院の建立や新市街の建設を行ったようである。

に面した平地であるが、周囲を大規模な堀で囲む点が大鳥井山遺跡に通じるという指摘がある。さらに、大鳥井山遺跡が宗教施設を伴っていたのに対し、柳之御所には中尊寺を伴うなど、居館と宗教施設をセットで営むという点も共通している。また、柳之御所は街区を伴っており、その形態は平安京で新たに出現した白河、六波羅、鳥羽といった院の御所と寺院を核とした町の在り方と類似するという指摘がある。そうだとすると、平泉は陸奥国で城柵の影響を受けて成立した居館に、京都の新しい都市のスタイルを取り入れた独創的な都市であったということになる。さらに平泉の町並みは、源頼朝による鎌倉の都市計画にも影響を与えていると指摘されている（図51）。

　大鳥井山遺跡から出土する土器は10世紀後半から12世紀であることから、早ければ10世紀後半に造られ、遅くとも前九年合戦が終結する康平5年（1062）には存在していたことになる。武士の世の萌芽が認められるとされる東北の地では、早くに防御性を強く指向する居館が成立していた。新しい時代の訪れは、むしろ東北において顕著に認められるのである。

4. 遺物にみる古代から中世への動き

変化する土器様式

　飛鳥時代後半から奈良時代にかけて認められた律令的土器様式は、9世紀以降になると大きな変化が現れる。平安京や各国の国府からは、律令的土器様式を構成していた土師器と須恵器に加え、緑釉陶器や灰釉陶器などが加わるなど多様な土器・陶器からなる土器様式が認められる反面、農村部ではしだいに器種が減少する傾向を示すとともに、土器の作りが粗雑化する。大阪府羽曳野市は、古代に一貫して土師器生産を行った地域であり、8世紀までは都に土器を供給していた。9世紀以降も土師器生産を継続していることがわかっているが、この頃から器種の減少、法量のばらつき、調整の簡略化・粗雑化といった傾向が認められる。製品の流通範囲もそれに従って縮小しているようであり、10世紀前半頃には生産地周辺の限られた範囲まで分布範囲が狭まり、中頃には生産そのものを終了している。

　関東や中部、北陸では10世紀中頃に食器や調理具が土器から、鉄器や木器に変化するようであり、土器そのものの出土量が減少している。そして、11世紀中頃になると、全国的に椀、皿、壺、甕、すり鉢からなる単純な中世的土器様式が成立する。

国家による管理貿易から自由貿易へ

　一方、海外からもたらされる陶磁器も時代によって大きく変化する。7世紀中頃から後半にかけては、新羅で作られた土器が宮都などから少量出土するのみであるが、8世紀には平城京や大宰府から中国製の陶磁器が出土するようになる。なかにはペルシャなどシルクロードを通じてもたらされた陶器もある。こうした貿易陶磁器

は、遣唐使などの正式な外交使節がもたらしたものもあるだろうが、多くは中国や朝鮮半島の商人がもたらしたと考えられる。8・9世紀の対外交易は、制度上は国家による厳しい管理下に置かれており、朝廷が交易品を独占できるシステムであったが、10世紀前半には「唐物使（からもののつかい）」による交易が行われるようになった。そのシステムは、外国からの交易船が博多湾に到着すると大宰府は商人を鴻臚館（こうろかん）で手厚くもてなすとともに、その旨を朝廷に報告、朝廷は唐物使と呼ばれる使者を派遣し優先的に必要なものを購入し、余ったものを公定価格で取引させるというというものである。貿易に関しては、朝廷が先買権を有していたのである。

しかし、王臣諸家（皇親及び五位以上の有力貴族）は朝廷の使者に先んじて、唐物を購入したり、それを取り締まるはずの大宰府の官人も個人的に唐物を入手するため商人と私的に接触したりした。このような、唐物への有力者層の関心は、遣唐使の派遣という海外との正式な外交とは別に、商人を通じた盛んな交流を生み出した（図52）。

一方、交易の窓口も大宰府などの官衙やその出先機関に限定されていたものが、有力寺社や富豪層が独自に設けるようになる。大島畠田遺跡（おおしまはたけだいせき）（宮崎県都城市）は、9世紀後半から10世紀前半の富豪層の居宅跡であると考えられているが、そこからは越州窯系青磁や白磁などの中国陶磁器、京都産を中心とした緑釉陶器と東海産の灰釉陶器がまとまって出土している。こうした陶磁器類の出土は、成長を遂げた地域勢力が港湾などの交易拠点を掌握し、国内外の商人と直接取引を行っていたことを示している可能性がある。

また、東大寺などの有力寺社は国家から与えられた寺社領に加え、権門より寄進された荘園を介して地域勢力と結びつき、それを経済基盤とするとともに、寺社領を舞台に活発な交易を行っている。東大寺領横江荘（石川県白山市）は8世紀末に桓武天皇の皇女

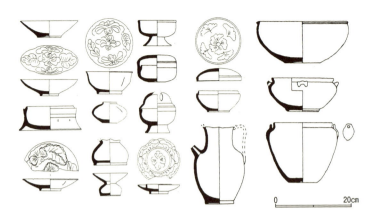

図52 平安時代の貿易陶磁（奈良文化財研究所 2004 をもとに作成）
平安時代の貿易陶磁器は大宰府や博多など当時の外交窓口から出土する事例が突出し、次いで平安京などの都市部や、五島列島や喜界島という流通拠点で出土する傾向がある。しかし、都城盆地など直接、交易や流通に関係しない地点からもまとまって出土する例があり、地域勢力が直接、交易を行っていた形跡も認められる。

朝原内親王に与えられた荘園であり、内親王の薨去に伴って母親の酒人内親王から東大寺に施入されたものである。発掘調査では、大型のものを含む複数の掘立柱建物や運河や船着き場などが検出され、墨書土器、施釉陶器、硯、付札木簡を含む木簡、木製祭祀具、仏具などが出土している。こうした品々の中には日本海の海上交通を利用してこの地にもたらされたものも多いと考えられる。東大寺などの有力寺社に限らず10世紀以降になると地域の寺社も含めた宗教勢力が、寄進により得た豊かな経済基盤と信仰によって結びついた集団を背景として、交易拠点となる港湾や川港に積極的に進出するようになり、交易や手工業生産を主導するなど中世社会において強い影響力を及ぼすようになっていく。

　このように、9世紀後半頃から、国内外の交易の担い手も国家から、有力貴族や寺社、地域勢力へと変化していった。そして、発掘調査で最も出土する唐物である貿易陶磁器の出土量はしだいに増加

し、13世紀には農村からも出土するようになる。ここまで述べてきたように、土器の変化も確実に時代の変化を象徴しているのである。また、この後訪れる中世という時代は、商品経済が劇的に発達する時代でもあり、そのことは文献史料のみならず、土器や陶磁器の分布からもうかがい知ることができる。

5. 中世考古学へ向けて

　文献史学の研究では、11世紀後半を中世の開始とする見方が強い。しかしこの時期の政治・社会の変化は考古資料では明確に確認できない。土器研究の立場からは椀・皿・すり鉢・壺・甕という単純な器種構成が成立する11世紀中頃を中世のはじまりとする説があるが、集落では先述のように10世紀後半に大きな画期がある。考古資料からみえる時代の変化は、この頃になると政治的な画期とは合致しないようである。

　律令国家は中央による強烈な指導力により、ある程度、画一化された社会を築き上げた。そして、その足取りは律令の規定に則って作成された複数の文献史料からたどることができる。一方、律令制度の崩壊は、成長した地域勢力を背景としている。それは中央集権により作られた画一性を失わせ、地域の独自性を表面化させた。つまり古代から中世への移行によりこれまでのように中央の政治的な動向が地方の遺跡の動向に直接反映されなくなったのである。

　そのため、以後の歴史考古学研究は、それぞれの地域の考古資料をより多角的に、より詳細に検討し地域社会を復元しながら進める必要がある。遺跡や遺物から、地域の個性を抽出し、地域社会を復元するという視点がより一層必要になるのである。

コラム　変動する日本の領域

南の境界と城久遺跡

　鹿児島県奄美大島の東方に浮かぶ喜界島に城久遺跡（喜界町）がある。この遺跡は、9世紀から15世紀に至る集落遺跡で、450棟を超える掘立柱建物や火葬墓、土葬墓、製鉄・鍛冶を行ったと考えられる炉跡、石敷遺構など、これまで奄美・沖縄地域で確認されていなかった重要な遺構がみつかっている。また、土師器・須恵器・白磁・越州窯系青磁などの古代の遺物や、白磁玉縁碗・滑石製石鍋・カムィヤキ壺などの中世前半の遺物がまとまって出土し、その量、内容ともに同時期の奄美・沖縄地域の遺跡の中では突出している。

　特に注目されるのは、9世紀から11世紀前半である。検出された遺構は、桁行2間、梁行3間の小規模な掘立柱建物が数棟のみであるが、その周辺からは越州窯系青磁など初期貿易陶磁器がまとまって出土している。その量は、奄美・沖縄地域の遺跡はもちろんのこと、全国的にも突出している。当時の対中国の交易窓口は大宰府であり、陶磁器の出土も大宰府や鴻臚館が突出し平安京であっても出土量は限られている。

　なぜ、城久遺跡からこれだけの陶磁器が出土するのか。そのヒントは『日本紀略』長徳4年（998）9月15日条にある。この記事には大宰府が貴駕島（喜界島）に対し、暴れ回っている南蛮（奄美大島のことか）をとらえるよう命じたとあり、翌年の長保元年（999）8月19日条には大宰府が朝廷に南蛮制圧に成功したことを伝えている。これらの記事から10世紀後半の喜界島には、大宰府の命を受けて、南島の治安を維持する機関が存在していた可能性があり、その機関が対中国の交易拠点としても機能していたと想定されるのである。

　11世紀後半から12世紀前半になると、城久遺跡群の範囲は拡大し集落は最盛期をむかえるが、その頃から遺跡の性格も変化するようである。遺跡の最も高所に当たる地点では、倉庫を伴う大型の四面廂付掘立柱建物が検出され、これ以外にも倉庫を伴う1間四方の小規模な掘立柱建物が集落の各所で認められるようになる。また、遺跡の北部では複数の掘立柱建物とともに製鉄・鍛冶を行ったと考えられる炉跡が複数検出されている。この時期の製鉄炉は奄美・沖縄地域ではみつかっていない

ことから、城久遺跡で生産された鉄製品が奄美・沖縄地域に広く流通した可能性が示されている。

出土遺物には白磁玉縁碗や初期高麗青磁、朝鮮系無釉陶器、滑石製石鍋、12世紀に徳之島で生産が開始されたカムィヤキなどがある。貿易陶磁器がまとまって出土するという傾向は前段階に引き続き認められるが、この時期になると宮古・八重山地域の遺跡でも白磁、滑石製石鍋、カムィヤキというセットが認められるようになる。こうした広い範囲で同様の遺物の分布が認められるということは、この時期に奄美・沖縄地域において一大交易圏が成立したことを示すと考えられ、それが後の琉球王朝の成立にもつながる可能性も示されている。そして、これらの土器類がまとまって出土するとともに、鉄製品の生産を行っていた城久遺跡はこの交易圏の中心的な役割を担っていた可能性が高く、大宰府と強い結びつきをもっていたものが、12世紀になると南方社会との関わりが強まり、大宰府との関係が弱まった可能性が指摘できるのである。

なお、『吾妻鏡（あづまかがみ）』には文治4（1188）年2月21日に源頼朝が、天野藤内遠景（とうないとうかげ）に貴海嶋（あまの）追討を命じたことが記されているが、この時期は城久遺跡の集落の全盛期である第2期の終焉に相当しており、遺跡の衰退をこうした政治情勢に求める見方がある。ちなみに、妙本寺本『曽我物語』には、安達盛長の夢に現れた源頼朝が左足で外浜（津軽半島）を、右足で鬼界島を踏んだとある。これは、鎌倉時代の日本国の境界意識を表しているといわれている。

南島の人々が中央と接点をもったのは推古朝にさかのぼる。推古24年（616）には掖玖人（屋久島の人か）が飛鳥を訪れ帰化したとある。この頃は、これらの人々は外国からの使節と同様の扱いを受けているが、先の『日本紀略』の記事からみると、10世紀には少なくとも喜界島までが日本の領域と認識されていたことがわかる。しかし12世紀に入ると喜界島は、南方社会の一員となるようで、『吾妻鏡』の記述からわかるように、鎌倉幕府から追討される側となっている。10世紀に喜界島まで広がった日本の領域は、12世紀になるとやや後退するという流れが読み取れるのである（図53）。

北の境界と秋田城、胡桃館遺跡

一方、北方はどうであろうか。先にみたように三十八年戦争までは、軍事的圧力を駆使することにより日本の支配領域は志波城、秋田城のラインに至る。しかし、その頃も常に抗争状態にあったわけではなく、城柵をつうじて東北だけでなく北海道とも交流していた形跡が認められる。8〜9世紀には石狩川流域の遺跡を中心に、刀子や蕨手刀と呼ばれる本州産の鉄製品が出土している。また、知床半島の付け根にあるチャシコツ岬上遺跡（斜里町）からは神功開寳が出土している（図54）。

図53　変化する南島の領域
平安時代中期に藤原明衡により記された『新猿楽記』には、東北から九州に隣接する島々までの広い地域を駆け回り、貪欲に取引を行っていた八郎真人なる人物が現れている。彼が扱った品々の中に沖縄、奄美でしか採れない赤木やヤコウガイが含まれおり、国家の領域の変化とは無関係に幅広い商業活動が行われていたことがわかる。

こうした本州産のモノの移動に対し、東北北部や北海道の物産品が都に運ばれていたことも知られている。『類聚三代格』延喜21年（802）6月24日の太政官符では「禁断私交易狄土物事」、つまり蝦夷との私交易の禁止が命じられている。王臣諸家が出羽国へくる渡嶋（北海道）の蝦夷から上質の毛皮を争って購入するため、朝廷には粗悪品しか納められていないので、私の交易を禁止するという命令である。また、三十八年戦争の真っ最中の延暦6年（787）正月11日の太政官符でも、王臣家

や国司らが蝦夷から馬・俘奴婢を争って買っていたことが知られる。そして、10〜12世紀になると北海道における本州産の鉄製品の分布は太平洋沿岸を中心に道東まで広くおよぶようになり、都へはアザラシの皮やワシの羽根、貂の毛皮などが送られていることが複数の文献史料から確認できる。こうした交易が後に日本の領域を北上させることになる。

元慶2年（878）に秋田城司の苛政に堪えかねた蝦夷が大規模な反乱を起こし、秋田城が焼失するという事件があり、国家と蝦夷との間で何度か目の大規模な武力衝突が起こる（元慶の乱）。これに決着をつけたのは国司として数々の善政の実績を残した藤原保則による懐柔政策であった。こうして武力鎮圧の時代は終わりを告げる。その後、蝦夷に関する文献史料は途絶えるが、10世紀に入った頃に、胡桃館遺跡（北秋田市）が現れる。

この遺跡の性格については諸説あるが、秋田城の出先機関として置かれた最北端の官衙か、蝦夷の有力者の居宅の可能性がある。秋田城の北北東約60kmの地点にあるこの遺跡は、おそらく蝦夷に対する懐柔政策の中で造られたものと考えられ、蝦夷社会と国家との接点として、交易拠点や行政拠点としての機能を果たしていたのだろう。なお、この遺跡は延喜15年（915）7月の十和田噴火による大規模な土石流により埋没したため、当時の木造建物の下部が当時のままの姿でみつかったことでも著名であり、古代の建築を知る上でも重要である。

一方、律令制度の解体により城柵を拠点とした国家の直接支配は終焉を迎えるが、先述したように、安倍氏や清原氏といった在地勢力が勃興する。彼らは朝廷に納める官物の徴収などを請け負うと同時に、地域勢力とのつながりを深め、かつて蝦夷の土地であった範囲まで勢力を浸透するようである。こうした勢力圏が前九年合戦、後三年合戦を経て、奥州藤原氏によって統合され、これが源頼朝による奥州攻めにより藤原氏が滅亡したことによって、日本の支配領域に組み込まれるようである。

藤原氏の勢力がどのあたりまで浸透していたか、明確な証拠はないが、鎌倉幕府の御家人が置かれたとされる地域から推定すると、太平洋側は岩手、青森県境付近、日本海側は津軽まで拡大していたと考えられる。つまり、北の境界は中央集権体制解体後に新たに生まれた勢力が、

図54 北海道における鉄製品の分布（小松編 2010 をもとに作成）

本州と北海道との交易は 10 世紀頃から活発化し、12 世紀にかけて最盛期を迎える。これは南島における交易と同様であり、国家による管理貿易の崩壊と商人の活動の活発化が背景にあると考えられる。また、この時期は安倍氏や清原氏が台頭する時期にもあたり、こうした地域勢力の勃興の背景には、異文化社会との交易による富の蓄積があったと考えられる。

交易や婚姻など平和な手段を主として拡大し、それが十分に膨らみきった頃に日本の領域に組み込まれたのである。

変動する支配領域

　律令国家は、都との距離に応じて近国、中国、遠国に区分し、その外側にある世界を辺境と位置づけた。辺境には「まつろわぬ民」がおり、それを天皇の徳により教化することを第一義としたが、それに従わない場合は、武力で討伐することを旨とした。こうした国家戦略は蝦夷への対応に顕著に表れているが、南方社会との接点においても、基本的な政治スタンスは同様であったようである。

　しかし、南方社会に対しては蝦夷戦争のような強硬手段はさほど実施されず、むしろ融和政策をとったようである。それは南島には、東北の

城柵にみられるような軍事的な機能をもった支配拠点が設置されなかったことからもわかる。古代国家の外交窓口は正式には博多湾であったが、南九州や離島も中国や朝鮮半島との接点になっていた。こうした事情が中央の南島への対応方針に影響を与えていたと考えられる。

　一方、北方においては7世紀中頃に仙台郡山遺跡に初めて置かれた国家の拠点は、9世紀初頭に三十八年戦争が終わるまでの250年間で何度かの大きな戦争を経て約160km北上した。その後、中央集権体制は解体するものの、新たに生まれた地域勢力による平和的な方法により、結果として日本の領域が拡大していった。

　こうした国家領域の形成と変化というきわめて重要な歴史的な問題についても、考古学は何らかのヒントを与えてくれる。そして、そのヒントは都の遺跡にではなく、そうした歴史の舞台となった地域に眠っているのである。

終章　二兎を追って二兎を得る

　本書の冒頭で紹介した後藤守一は、同書で歴史考古学研究は、考古学資料と文献史料という「二兎を逐うてしかも二兎を得なければならない」悩みがあると述べている。

　後藤のこの著書から80年に達しようかという現在において、考古資料は飛躍的に蓄積し、その研究は進歩を遂げ、考古学からも歴史時代の文化変遷を推知できるようになってきている。ただし、文献史学、考古学ともに膨大な史料に対応するため研究が精緻になっている現在では、二兎を追うのは後藤の時代よりもさらに困難になってきている。

　そうしたことから、今後のいわゆる歴史時代研究では、ますます関連分野の協業が重要になってくる。文献史学の研究においても、考古学の成果は欠くことができないほどの位置を占めているように、考古学の研究においても文献史学の成果には常に注目する必要がある。その一方で、両者が互いの成果を採り入れることのみに執着してしまうと、安易な史料解釈や誤った評価を生み出すことにもなりかねない。

　石上英一は「日本原始・古代社会の諸現象を研究対象とする各学問分野は、それぞれ独自の学問体系を有している。これらの各学問分野の体系と方法を理解することなしに、また文献史学固有の方法、体系を理解することなしに、有効な共同研究を実現することはできない」と述べている。これは、文献史学、考古学ともに互いの研究方法を理解した上で、それぞれの学問分野の体系と方法に則った研究を進めることによって、はじめて真の意味での協業ができる

ということを示している。その実現は決して簡単なものではないが、歴史考古学がめざすべき方向は、そこにあるのである。

　一方で、古墳時代と歴史時代の間には研究の隔たりがあるように思える。その最も大きな要因は、古墳時代研究と歴史時代研究とが個別に進められ、研究者同士が議論を深める機会が乏しいことにあるような気がする。しかし、人が残したさまざまな痕跡を素材に研究を進めるという考古学の方法からすると、歴史時代の考古学を研究するためには、古墳時代の研究にも関心を払う必要があるだろう。それにより考古学の方法を用いて、社会・政治史を検証する視点が一層養われるだろうし、これまであまり論じられなかった、古墳時代以前から現在に至るまで継承されてきた生活文化なども論じることができるようになるだろう。文献史学に対する理解を深めることも重要だが、前後の時代の考古学を知ることは、それ以上に重要なのである。

　本書は、歴史考古学を進めるための準備段階の作業として歴史時代の考古学を中央集権というキーワードで紹介してきた。必然的に扱うテーマや遺跡は、国家の意思により国家あるいは地方が造った施設が中心となった。そうした施設は政治的意図によるものなので、比較的、考古学の成果と文献史学の成果が合致しやすいものであるが、反面、それゆえに私自身が２つの異なる学問分野の成果を安易に結びつけてしまったところもあるかもしれない。文献史料に現れる遺跡や遺物こそ、より慎重な取り扱いが必要であろう。

　いずれにせよ、学問体系と方法が異なる分野を取り扱うのはなかなか大変であるが、一方で面白くもある。本書を手に取っていただいたひとりでも多くの方が、歴史時代の考古学に興味をもっていただければ望外の喜びである。

付　録

1. 主な文字史料と利用の留意点

　史料とは、本来、歴史研究の材料となる文献・遺跡・遺物・図像・口頭伝承などの総称である。つまり、過去の人間が残したさまざまな痕跡のことであり、それは文字や遺物のように形あるものから、芸能や伝承のように形のないものまで多様なものがある。こうした史料はその形態などから、たとえば文字は文字史料、遺跡・遺物は考古史料といった具合にいくつかに分類されているが、考古史料を資料と表記し、他の史料と区分する場合が多いため、本書でも考古資料と表現した。

　考古資料以外の史料の中で、考古学と最も多くの接点をもっているのは文献史料である。しかし、一口に文献史料といっても、書かれた目的や時代などによりそれぞれ異なった特性をもっている。古代の文献史料は通常、次のように分類される。

　①史書　②法制史料　③文書（もんじょ）　④記録　⑤文学　⑥仏教史料　⑦その他

　以下に主な史料をとりあげながら利用する際の留意点を示す。

史　書

　『古事記』などに代表される歴史をまとめた文献史料のことである。六国史（りっこくし）とよばれる国の事業として編纂された6つの史書（『書紀』『続紀』『日本後紀』『続日本後紀』『日本文徳天皇実録』（にほんもんとくてんのうじつろく）『日本三代実録』（にほんさんだいじつろく））、さらにこれらを参考にして11世紀後半～12世紀前半の間に編纂された『日本紀略』（にほんきりゃく）（編纂者不明）や、仏教関係史料を多く採録する『扶桑略記』（ふそうりゃっき）（寛治8年〈1094〉頃成立）などがある。また、『隋書』に代表される中国の史書にも、日本に関する記載がある。

　史書は歴史を記したものであるが、その内容は必ずしもすべてが正しいわけではない。史実を伝えていても、記事の採択の仕方や表現方法には編纂の目的や編纂者の意図が反映されている。特に『書紀』は、神話の時代から持統天皇の時代までの史書で、編纂開始は天武10年（681）と考えられている。したがって天武朝以降の記事は、ほぼリアルタイムで記録された可能性が高い。しかし、それ以前の記事は、それぞれの時代に記された

原史料（たとえば推古28年〈620〉にみえる『天皇記』や『国記』など。『書紀』には「一書に曰く」というかたちで異説を紹介する箇所が複数認められるなど編纂にあたって複数の文献史料を参照したことがわかる）を引用したと思われる部分もあれば、原史料に修飾を加えたもの、伝承を採録した部分もあれば、無関係の外国の史書の一部を転載したもの、編纂者の創作と思われる部分もある。つまり、一冊の史書の中に性質が異なる情報が混在しているのである。

こうした編纂が行われたのは、『書紀』の編纂目的が史実を正しく伝えることではなく、天皇の正当性と神聖性を、太古の時代にさかのぼって示すこと、また豪族からすると天皇との関係の深さや自らの職掌の正当性・重要性などを示すことを目的としているためである。そのため『書紀』については、特に入念な史料批判がなされている。

『書紀』以降にまとめられた史書は、その時々に書かれた記録をもとに編纂されているようで、基本的には史実を伝えている。しかし、どの記事を採択するかといった情報の取捨選択や不都合な記録の削除や改変が行われたと考えられている上、全体的に記述はシンプルであるため、史書だけでは当時の政治、社会を復元することは難しい。

また、『続紀』は桓武天皇が、天武系（称徳天皇）から天智系（光仁天皇）への皇統の交替を中国の王朝交替になぞらえ、前王朝の歴史を『続紀』という史書としてまとめたとする学説が有力である（中国の史書の編纂方法に倣ったもので、たとえば『隋史』は唐王朝により編纂されている）。そのため、前王朝の最後の王である称徳天皇は、天命が尽きた王として批判的に記された可能性が指摘されている。同時代史料をもとに編纂された史書であっても、編纂目的により、情報の意図的な取捨選択や誇張などが行われている可能性があるのである。

『日本後紀』（延暦11年〈792年〉から天長10年〈833年〉の間の歴史を記す）に至っては、全40巻のうち現存するのは巻5・8・12・13（桓武天皇）、14・17（平城天皇）、20・21・22・24（嵯峨天皇）の10巻のみであり、その他の部分は『日本紀略』や『類従国史』（寛平4年〈892〉に完成した六国史を検索しやすいように内容ごとに分類したもの）に引用された部分のみが復元されているに留まっている。

法制史料

『養老律令』に代表される法律とその解説書の類を指す。天平宝字4年（760）に藤原仲麻呂が編纂した『藤氏家伝』大織冠伝（藤原氏の歴史書のうち藤原鎌足に係る部分）から天智7年（668）には『近江令』が、『書紀』から持統3年（689）には『飛鳥浄御原令』が、『続紀』から大宝元年（701）に『大宝律令』が制定されたことが知られるが、この3つは現存しない。『養老律令』は、藤原不比等らにより唐の律令を移入して編纂した『大宝律令』の内容を日本に適合しやすくする意図で編纂され、天平宝字元年（757）に施行された（表11）。その内容は、天長10年（833）にまとめられた官撰の注釈書『令義解』と惟宗直本が9世紀中頃にまとめた『令集解』から復元されている。

また、『弘仁格式』『貞観格式』『延喜格式』の3つの格式がある。この3つを総称して「三代格式」という。『弘仁格式』の序には「律は懲粛を以て宗とし、令は勧誡を以て本とし、格はすなわち時を量りて制を立て、式はすなわち闕を補いて遺れるを拾う、四者あいまちて以て範を垂るるに足る」とある。つまり「格」とは律令の修正や補足、「式」とは律令の施行細則のことを指す。律令制施行後、律令に定めのない事柄や解釈に迷う事柄については必要に応じて、天皇や太政官の命令としてその都度、発出された。それら単発で発出された制度や指針を有効なものと無効なものとに整理した上で、事項ごとに編纂したのが、この3つの格式である。

『弘仁格式』は大宝元年〜弘仁10年（819）までの格式を、『貞観格式』は弘仁11年〜貞観10年（869）までの格式をまとめている。『延喜格式』は、貞観11年〜延喜7年（907）までの格をまとめた『延喜格』とこれまでの式の中から必要なものを取捨選択して編纂した『延喜式』からなり、「三代格式」のうち唯一、完全な形で現存することから、古代の制度を研究する上で重視されている。このほかにも、三代格を事項別に整理した『類聚三代格』などがある。

法制史料は、当時の社会の規範を示したものであり、その性格からして史書のような誇張や恣意的な内容は含まれていない。そのため、律令の規定が基本的には遵守された飛鳥時代末頃から平安時代前半にかけての社会を知る上ではきわめて重要な史料として扱われる。しかし、実社会において法がどの程度、遵守されていたかは別の問題である。現代社会でも、法

表11　養老律令の構成

律

巻	編	条数	規定内容
1	名例律	32条のみ現存	総則
2	衛禁律	14条のみ現存	宮・京及び関などの警備に係る罰則
3	職制律	56	官人の服務規律違反に係る罰則
4	戸婚律	現存せず	戸籍・戸口・婚姻・良賤などに係る罰則
5	厩庫律	現存せず	官牛馬および倉庫官物の取り扱いに関する刑罰に係る罰則
6	擅興律	現存せず	軍規違反に係る罰則
7	賊盗律	53	反逆・殺人・強盗・窃盗に係る罰則
8	闘訟律	3条のみ現存	闘殴・誣告などに係る罰則
9	詐偽律	現存せず	公文書・官物の偽造に関する係る罰則
10	雑律	現存せず	私鋳銭など、その他の罪に係る罰則
11	捕亡律	現存せず	兵士・防人・奴婢などの逃亡に係る罰則
12	断獄律	現存せず	禁獄・断罪などについて、刑史および囚人の犯した罪に係る罰則

令

巻	編	条数	規定内容
1	官位令	19	官位に係ること
2	職員令	80	中央・地方各官司の職名・定員・職掌など
3	後宮職員令	18	妃・夫人・嬪の定員と品位，官人の職名・定員・職掌など
4	東宮職員令	11	皇太子付属の官庁の職名・定員・職掌など
5	家令職員令	8	親王および諸王諸臣三位以上の家政機関の職名・定員・職掌など
6	神祇令	20	神祇・祭祀など
7	僧尼令	27	僧尼の禁止事項など
8	戸令	45	戸（世帯）に関する規則など
9	田令	37	農地の配分・貸与など
10	賦役令	39	税や労役など
11	学令	22	官人の育成教育など
12	選叙令	38	官位の任命など
13	継嗣令	4	皇族の身分や婚姻および諸臣の継嗣など
14	考課令	75	官人の人事など
15	禄令	15	皇親や官人らの封禄（食封と俸禄）など
16	宮衛令	28	皇居・中央官庁・京などの警衛など
17	軍防令	76	軍隊の編成など国防について
18	儀制令	26	儀礼や作法など
19	衣服令	14	官人の服装など
20	営繕令	17	国家が行う建築や製造など
21	公式令	89	公文書の様式や法令の施行細則など
22	倉庫令	16	倉庫の出納・管理など
23	厩牧令	28	牛馬の飼育や管理・利用など
24	医疾令	26	医薬全般
25	假寧令	13	官人の休暇など
26	喪葬令	17	皇族や官人の葬儀
27	関市令	20	関・市に関する管理・運営など
28	捕亡令	15	盗賊の制圧など
29	獄令	63	刑罰など
30	雑令	41	その他

律をすべて読めば社会の仕組みがわかるかといえばそうではないように、法律には何通りかの解釈が成り立つ余地があり、また運用にも幅がある。特に日本の律令は中国の律令を移入し改訂したものであるため、制度上の規定はあっても実際には制度と異なる運用がなされる場合もあるし、また制度そのものが運用されず空文化しているものもあった。

そのため、法制史料を扱う場合は、法に定められたことはすべてその通りに実行されていたと考えるのではなく、制度がどのように運用され、どの程度の実効性をもっていたのかということを、他の文献史料や出土文字史料、考古資料により検証するという姿勢が必要となる。

文　書

差出人が相手方に意思や用件を伝えるために書いたものを指す。東大寺正倉院には光明皇后が聖武天皇の遺品を東大寺の盧舎那仏に奉献したときの目録である『東大寺献物帳（とうだいじけんもつちょう）』や、東大寺写経所の帳簿類が伝えられているが、写経所の帳簿類は各省から払い下げられた反故紙が利用されており、そこには諸国の戸籍や計帳、正税帳などの公文書が含まれている。これらの史料から、戸の規模や構成など、律令制下における地方行政の一端を知ることができる。

また、文書には差出人と受取人がいるため、差出人が受取人に対し何を要求したのか、また受取人が差出人に何を命じていたのかなど、人と人、組織と組織との関係がわかることに特徴がある。また、文書の内容を史書や法制史料の記載内容から照らし合わせると、天皇や太政官の命令や当時の法制度が、どのように履行されていたかなどもわかるなど、古代の社会を知る上で重要な意味をもつ。

その反面、ひとつの文書が当時の社会全般を示していたか否かは検討が必要である。たとえば、戸籍の作成は律令により定められており、正倉院にも美濃国をはじめとする大宝4年の戸籍が残されているが、これをもってこの時期、全国各地で同じような様式で戸籍が作られていたとは断定できない。文書はあくまでも差出人と相手との関係で成り立っており、それが当時の社会において普遍的なものだったのか、差出人側の事情によるものなのかは、同種の文書の分析などを通じた検討が必要となる。

なお、古代の文書を網羅している『大日本古文書』は東京大学史料編纂

所によりデータベース化され、インターネットで閲覧することができる（http://wwwap.hi.u-tokyo.ac.jp/ships/shipscontroller）。ただし、読み下し文は添付されていないので、正しく理解するためには古文書、古記録に関する一定程度の知識が必要である。

記　録

　日記のことを指す。日本における最初の日記は斉明5年（659）7月3日に出航した第4次遣唐使の一員である伊吉連博徳（いきのむらじはかとこ）が記した『伊吉連博徳書（いきのむらじはかとこのふみ）』で、その一部が『書紀』に引用されている。その後は入唐僧円仁（えんにん）が唐の様子を記した『入唐求法巡礼行記（にっとうぐほうじゅんれいこうき）』（836～847の間の日記）などがあるが、日本国内における日常の様子を記した日記は『宇多天皇御記（ぎょき）』（在位887～897）が現存する最古のもので、『醍醐天皇御記』（在位897～930）『村上天皇御記』（在位946～967）とともに「三代御記」と呼ばれている。

　延喜元年（901）に最後の六国史である『日本三代実録』が成立して以降は、官撰による史書は編纂されなくなるため、皇親や貴族の日記が当時の社会を知る上で重要な文献史料として扱われるようになる。特に10世紀以降に律令制にもとづく文書管理システムが解体へと向かうと、儀式の作法など古来の先例について書かれた文書や記録などを収集、調査、執筆する「日記の家」と呼ばれる公家（くげ）が出現するとともに、皇室や摂関家においても家門の記録を作成し、相伝するようになる。なかでも藤原実資（さねすけ）による『小右記（しょうゆうき）』は摂関家政治の全盛期の社会や政治、宮廷の儀式、故実などの詳細な記録であり、その史料的な価値は高く、この他にも藤原道長による『御堂関白日記（みどうかんぱくにっき）』や藤原行成（ゆきなり）による『権記（ごんき）』も、同時代の宮廷の様子や政治について知るための重要資料である。

　日記には、当時の宮中儀礼を記したものや、政治や時事について記したもの、紀行文など多様なものがあり、その性格を一律には論じることができないが、特定の著者がその時代の出来事をほぼリアルタイムに記したものも多く、史料的な価値は高い。

文　学

　言葉による芸術作品であり、『万葉集』などの歌集や『懐風藻（かいふうそう）』（天平勝宝3年〈751〉完成）などの漢詩集などがある。文学は作者の美意識や創作

表12　その他古代史研究でよく利用される史料

書　名	成立年代	内　容
風土記	和銅6年(713)以降	郡郷の名、産物、土地の肥沃の状態、地名の起源、伝えられている旧聞異事を記載
新撰姓氏録	弘仁6年(815)以降	氏族の由来などを記したもの。1182氏姓が記録され、その出自により「皇別」・「神別」・「諸蕃」に3分類
和名類聚抄	承平年間(931〜938)	源順が編纂。名詞を意味により分類し、万葉仮名で読みを記した現存するわが国最古の漢和辞典
日本霊異記	平安時代前半	薬師寺の僧、景戒によって書かれた仏教説話集で、正式には『大日本現報善悪霊異記』という。古くは雄略天皇の時代から平安時代前半までの116の説話を収録
公卿補任	弘仁年間に成立し以後、書き足しか	従三位以上で太政大臣・摂政・関白・左大臣・右大臣・内大臣・大納言・中納言・参議・非参議のいわゆる公卿に相当する者の名を官職順に列挙
朝野群載	永久4年(1116)	算博士・三善為康が編纂。平安時代の詩文・宣旨・官符・書札等各種文書を分類して掲載

力、感受性など個人の素養が多分に含まれるために、歴史史料としての扱いには慎重さが求められるが、一方でその時々の社会や風俗を背景に作られているので、史書などとは異なった歴史の側面を垣間みることもできる。

また『万葉集』などには、註が記されていることも多く、そこから史書や法制史料にはみえない施設の存在やそこで行われた行為の復元ができる例もある。たとえば、奈良時代の国司の日常生活については史書や文書などにはあまり現れないが、『万葉集』に掲載されている大伴家持の越中守時代の歌からその一端を知ることができる。『懐風藻』からは、長屋王が作宝宅に皇親や貴族を集め、宴席を設けていたことがわかる。

仏教史料

経典や高僧の伝記、寺院や宗派の活動を記したものである。南都七大寺などの寺院には相当数、このような史料が残されており、経典の伝来や流行を知ることができる。高僧の伝記、寺院や宗派の活動に関する史料の編纂は鎌倉時代に流行するが、こうした史料には、僧の徳の高さや宗派の優位性を示すために、明らかに創作された話が掲載される場合もある反面、一定の史実を伝えているものもあり、史料批判が重要である（表12）。

金石文

金属や石に記された文字史料のことを指す。日本では古くは志賀島から江戸時代に発見された「漢委奴国王」の金印、天理市石上神宮に伝わる七支刀、古墳時代の鏡の銘文などがある。飛鳥時代以降になるとその種類や数を増し、法隆寺金堂薬師如来像光背銘に代表される仏像製作の由来を記した造像銘、寺院の梵鐘に鋳られた梵鐘銘、太安万侶墓誌などの墓誌銘、栃木県大田原市の那須国造碑、宮城県多賀城市の多賀城碑、群馬県高崎市の多胡碑など何らかの記念に建てられた碑文など多様なものがある。

墓誌銘など、書かれた後にさほど時を置かずに埋められたものを除き、多くは銘文が示す年代に本当に書かれたものか否か、また後世の改変の有無などについて真贋論争がなされることが多く、記載内容や書風、文字が刻まれた素材の材質などをもとにさまざまな検討が行われている。

金石文はその性質上、それが記された器物の由来や特定個人の事績、石碑の場合は建てられた土地や施設に係る内容に留まっており、当時の社会や制度を直接的に物語るものではないが、たとえば本文で記した那須国造碑は、「郡評論争」において重要な根拠史料として扱われた。

木　簡

木簡は日常的に用いられたものであり、その記載内容には潤色などは行われておらず、また、その内容も豊富である。そして、何よりも木材の保存に適した土中から、将来的にも数多く発見される可能性をもっていることから、文献史学による古代史研究に大きな光明をもたらした。2017年5月現在、奈文研の木簡データベースに登録されている木簡の数は、389,380点にも及んでいる（http://mokuren.nabunken.go.jp/NCPMKR/Mkn-Iseki.html）。

また、木簡は文字史料という性格と考古資料（遺物）という性格とを併せもっている。後者の性格とは、木簡は捨てられた場所から出土するという点である。1988年にデパート建設に先立つ発掘調査でみつかった長屋王邸跡は、木簡の記載によりそれと確かめられたことは著名であるし、それ以外にも木簡が出土したことにより、その場所にあった施設の性格やそこで何が行われていたかということがわかったという事例は数多い。

古代では紙は貴重品であり、その使用も一定期間保管することと定めら

1. 主な文字史料と利用の留意点

れた文書などに限られていたが、木簡は目的を果たしたらその場で廃棄されることも多く、廃棄された場所が木簡の宛先や使用先である場合が多いのである。また、木簡はその用途により文書木簡、付札木簡、その他に大別されている。文書木簡とはその名の通り、先述した史料の分類による「文書」に相当するものであり、天武天皇により律令制度の整備が進められる7世紀後半から増加し、律令制度が崩壊する10世紀中頃以降、減少する。つまり、律令国家による文書行政において日常的に作成された文書ということになる。文書木簡の様式には一定のルールがあったようである。

たとえば、人を呼び寄せる木簡には「①式部　②召　③土師宿祢大麻呂」といった具合に、①呼び出し先、②「召」の文字、③呼び出す者の名の順で記されるものが多い。また、「告知」という文字から始まる木簡があるが、これは告知札木簡と呼ばれる情報提供を求める木簡であり、人通りの多い道路の側溝などから出土する。

木簡の中には、律令の規定が実際にどのように運用されていたかを知ることができるものもある。たとえば、「関市令」には、関を越えたいと願ったならば、みな居住地の国郡か所属官司に告げて、通行許可証を申請することとあるが、この通行許可証である木簡が出土している。過所木簡がそれである。石川県津幡町加茂遺跡から出土した9世紀中頃の木簡には、

【表】　往還人〔　　〕丸　羽咋郷長　官路□〔作ヵ〕〔　　〕不可召遂〔逐ヵ〕

【裏】　道公〔　　〕乙兄　　羽咋□丸　二月廿四日　保長　羽咋男□〔伎ヵ〕丸」

と書かれており、これは往還人である〔　　〕丸は、羽咋郷長に率いられて官路を作る作業員として通行するので拘束しないでほしいという意味である。裏には往還人である3人の名前（道公〔　〕・〔　〕乙兄・羽咋□丸）と日付、3人の身元保証人と考えられる保長（「戸令」の規定により設置された5戸からなる「保」の責任者）の名が記されている。

羽咋郷とは能登国羽咋郡にあり、この木簡が出土した加茂遺跡は加賀国加賀郡である。つまり、道路建設に向かうために加賀国に入った3人が、国境の関を越えて不用になった過書木簡を捨てたと推察できる。この木簡は通行制度の具体例を示すだけではなく、関が出土地点の近くにあったことまで教えてくれるのである。

付札木簡には都などへ送られる荷物につけられたもの（貢進物付札木簡）と、物品を保管する際にその内容がわかるようにつけたもの（整理保管用付札）とがある。貢進物付札木簡の一例として、平城宮造酒司地区から出土したものを取りあげよう。この木簡は5つの事柄を示している。

「①安房国朝夷郡健田郷仲村里　戸　②私部真鳥　③調　④鰒六斤三列長四尺五寸束一束　⑤養老六年十月」

①は差出人の住所を国－郡－里の順で示し、②は「キサキベノマトリ」という差出人の名が示されている。③は税目、④は荷物の中身がアワビであることとその量を記し、⑤は送付した年と月を記している。また、付札木簡の形状は荷物に付けるために、紐で縛るための切り込みつきか、端を尖らせたものが多い。付札木簡からは、どこから、何が、どの程度の量、送られたのかがわかることから、当時の税制や物流など人と物の動きを読み取ることができる。

その他の木簡には、文字の練習や官人になるための受験勉強のため論語などを書き写した習書木簡、まじないの意味をもつ呪符木簡、歌を書いた歌木簡、落書き、将棋の駒に至るまで多様なものがある。

墨書土器

木簡と並ぶ発掘調査でみつかる文字史料の代表例が墨書土器である。その名の通り、土器に墨で文字や記号、絵画を描いたものであり、明治大学日本古代学研究所が作成した墨書土器・刻書土器集成2010年度版では、117,084件が登録されている。

木簡とは異なり文章が書かれている例は稀であり、組織や官職、地名、人名などを記したものが多く、字数も数文字程度と単独では意味がわかりにくい場合が多い。しかし、たとえば「厨」の文字を記した墨書土器が多数出土する場合は、官人の給食のための施設である厨屋が付近に所在した可能性を示すなど、出土した遺跡の性格を知る上で重要な情報をもたらす場合も多い。また、仏教信仰や祭祀の道具として使用されたものも多く、祭祀の場の復元や祭祀形態を知る上でも注目される。

墨書土器の他に、土器に文字を記したものは、鋭利な道具で土器の表面に文字を刻んだ刻書と土器を焼成する前に、文字を刻んだスタンプを押した刻印土器がある。古代の刻印土器の中で著名なものには「美濃」の刻印

が押された須恵器がある。もちろん、美濃国で生産された須恵器に押されたもので、その目的や用途ははっきりしないが、こうした土器の分布から当時の流通の一端を読み解くことができる。

その他の出土文字史料

　紙に書かれた文書も、一定の条件を満たすことにより地中で腐敗することなく残ることがある。漆紙文書がそれであり、漆容器の蓋に用いられた反故紙が漆を吸着することによって腐敗を免れたもので、1973年に多賀城跡の発掘調査で最初にみつかった。

　古代では紙は貴重品であった。そのため行政文書も最初は木簡に記され、それを整理・集約し紙に書き写した。つまり漆紙文書が出土する遺跡は、複数の文書を扱う役所跡に付随する漆工房かその近郊にほぼ限定されるということになる。また、赤外線カメラを用いて解読された漆紙文書の内容は、戸籍や計帳、死亡人帳などの公文書がほとんどである。こうした文書で現存しているものは、正倉院や東大寺に伝わるものしか残っていないきわめて貴重な史料である。

　瓦にも文字が記される場合がある。墨書もあるものの、圧倒的に多いのは瓦を焼成する前にヘラで刻まれた刻書とスタンプの刻印である。いずれの例も製作の過程で記されたものであり、そこには瓦を生産する工人が関与したことは確実である。神亀4年（727）行基が建立したと伝えられる土塔（大阪府堺市）からは、人名を刻書した多数の瓦が出土している。これらは、行基に従って土塔の建立にあたった知識（寺院や仏像の建立のため金品や労働力を提供する仏教信者）の名前と考えられる。また、武蔵国分寺などでも人名を刻書するものや、郡名や郷名を刻印するものがある。これらは国分寺造営にあたり瓦生産を命じられた郡や郷の名や、その代表者の名前を記したものと考えられ、寺院造営のための労働力編成の在り方を知る上で重要である。

　このほかにも、出土例こそ限られているものの公私の印や塼仏や塼、漆器などにも文字を記したものがある。また、文字そのものではないが、硯や転用硯（須恵器の坏や蓋などを硯として利用したもの）の出土は、その遺跡で文書の作成が行われていたことを示しており、遺跡の性格を考えるためのヒントとなる。

付　録

2. 主要参考文献

【全体に関係するもの】
安藤達朗　2016『いっきに学び直す日本史』東洋経済新報社
加藤謙吉ほか　2007『日本古代史地名辞典』雄山閣
竹内理三他監修　1982『日本歴史地図』柏書房
奈良文化財研究所　2003『古代の官衙遺跡Ⅰ遺構編』奈良文化財研究所
奈良文化財研究所　2004『古代の官衙遺跡Ⅱ遺物・遺跡編』奈良文化財研究所
吉村武彦編　2005『古代史の基礎知識』角川書店

【序章　歴史時代の考古学を学ぶ前に】
小野正敏・佐藤　信・舘野和己・田辺征夫　2007『歴史考古学辞典』吉川弘文館
後藤守一　1937『日本歴史考古学』四海書房
条里制・古代都市研究会　2015『古代の都市と条里』吉川弘文館
水野清一・小林行雄　1959『図解考古学辞典』東京創元社

【第1章】
石田尚豊編　1997『聖徳太子辞典』柏書房
石田茂作　1944『飛鳥時代寺院址の研究』第一書房
井上光貞　1971『日本古代の国家と仏教』岩波書店
上原真人　1986「仏教」『岩波講座　日本の考古学4』岩波書店
上原真人　1996『日本の美術356　蓮華紋』至文堂
上原真人　1997『瓦を読む』講談社
上原真人　2015『瓦・木器・寺院』すいれん舎
鬼頭清明　1977「法隆寺の庄倉と軒瓦の分布」『古代研究』11
妹尾周三　1994「横見廃寺式軒丸瓦の検討」『古代』第97号　早稲田大学考古学会
関野　貞　1940『日本の建築と藝術』岩波書店
田村圓澄　1994『飛鳥・白鳳仏教史』上・下　吉川弘文館
津幡町教育委員会　2009『加茂・加茂廃寺遺跡』
納谷守幸　2005「軒丸瓦製作手法の変遷」『飛鳥文化財論攷納谷守幸氏追悼論文集』納谷守幸論文集刊行会
奈良国立博物館　1970『飛鳥白鳳の古瓦』
奈良国立文化財研究所　1958『飛鳥寺発掘調査報告』

八賀　晋　1973「地方寺院の成立と歴史的背景」『考古学研究』20-1　考古学研究会
森　郁夫　1998『日本古代寺院造営の研究』法政大学出版局
山崎信二　1983「後期古墳と飛鳥白鳳寺院」『古文化論叢』奈良国立文化財研究所30周年記念論文集
山本忠尚　1996『日本の美術358　唐草紋』至文堂

【第2章】
相原嘉之　2004「酒船石遺跡の発掘調査成果とその意義」『日本考古学』第18号
市　大樹　2012『飛鳥の木簡』中央公論新社
稲田孝司　2012「古代山城の技術・軍事・政治」『日本考古学』34　日本考古学協会
近江俊秀　2016『古代日本の情報戦略』朝日新聞出版
小田富士雄編　2016『季刊考古学第136号特集:西日本の「天智紀」山城』雄山閣
亀田修一　2016「西日本の古代山城」『日本古代考古学論集』同成社
熊本県教育委員会　2014『鞠智城跡Ⅱ』
古代交通研究会編　2004『日本古代道路辞典』八木書店
斎野裕彦　2017『津波災害痕跡の考古学的研究』同成社
中村修也　2015『天智朝と東アジア』NHK出版
乗岡　実　2010「地域勢力と古代山城」『古代文化』第62巻2号
向井一雄　2016『よみがえる古代山城』吉川弘文館
村上幸雄・乗岡　実　1999『鬼ノ城と大廻り小廻り』吉備人出版
森　公章　2016『天智天皇』吉川弘文館

【第3章】
青木　敬　2011「宮都と国府の成立」『古代文化』第63巻第3号　(財)古代学協会
伊勢崎市教育委員会　2012『三軒屋遺跡3』
井上光貞　1951「大化改新論」『新日本史講座』第12回
江口　桂編　2014『古代官衙』ニューサイエンス社
太田市教育委員会　2011『新田郡衙と東山道駅路』
大橋泰夫　2011「古代国府をめぐる研究」『古代文化』第63巻第3号　(財)古代学協会

金田章裕　1995「国府の形態と構造について」『国立歴史民俗博物館研究報告』第63集

沖森拓也・佐藤　信・矢嶋　泉　2005『出雲国風土記』山川出版社

佐藤　信　2007『古代の地方官衙と社会』山川出版社

佐藤　信編　2019『古代東国の地方官衙と寺院』山川出版社

関市教育委員会　2012『弥勒寺東遺跡』

田中弘志　2008『律令体制を支えた地方官衙』新泉社

豊島直博　2014「方頭大刀の生産と古代国家」『考古学雑誌』第88巻第3号

中村修也　2014『地方官人たちの古代史』吉川弘文館

西　弘海　1986『土器様式の成立とその背景』真陽社

広瀬和雄　1983「古代の開発」『考古学研究』118

野村忠夫　1973『研究史　大化の改新』吉川弘文館

山中敏史　1994『古代地方官衙の研究』塙書房

吉田　孝　1983『律令国家と古代の社会』岩波書店

【第4章】

井上和人　2004『古代都城制の実証的研究』学生社

近江俊秀　2015『古代都城の造営と都市計画』吉川弘文館

小澤　毅　2014『日本古代宮都構造の研究』青木書店

岸　俊男　1966『日本古代政治史研究』塙書房

岸　俊男　1988『日本古代宮都の研究』岩波書店

坂上康俊　2011『平城京の時代』岩波新書

田辺征夫　1992『平城京を掘る』吉川弘文館

田辺征夫　2002「遷都当初の平城京をめぐる1・2の問題」『文化財論叢』Ⅲ　奈良文化財研究所

鶴見泰寿　2015『古代国家形成の舞台　飛鳥京』新泉社

直木孝次郎　1968『奈良時代史の諸問題』塙書房

馬場　基　2010『平城京に暮らす』吉川弘文館

林部　均　2008『飛鳥の宮と藤原京』吉川弘文館

渡邊晃宏　2001『平城京と木簡の世紀』講談社

渡邊晃宏　2010『平城京1300年全検証』柏書房

八木　充　1996『研究史　飛鳥藤原京』吉川弘文館

吉田　孝　1983『律令国家と古代の社会』岩波書店

【第5章】

荒井秀樹　2017『古代の東国3　覚醒する関東』吉川弘文館
入間田宣夫・坂井秀弥編　2011『前九年・後三年合戦』高志書院
近江俊秀　2014『日本の古代道路』角川選書
香我美町教育委員会　1988『十万遺跡発掘調査報告書』
川尻秋生　2007『平将門の乱』吉川弘文館
川尻秋生　2011『平安京遷都』岩波書店
小松正夫編　2010『北方世界の考古学』すいれん舎
五味文彦　2012『日本史の新たな見方、捉え方』敬文舎
五味文彦　2016『中世社会のはじまり』岩波新書
坂上康俊　2009『律令国家の転換と「日本」』講談社
佐々木恵介　2004『受領と地方社会』山川出版社
田中史生　2016『国際交易の古代列島』株式会社KADOKAWA
古瀬奈津子　2011『摂関家政治』岩波新書
村尾次郎　1963『桓武天皇』吉川弘文館
元木泰雄　2011『河内源氏』中央公論新社
柳瀬喜代志ほか　2002『将門記　陸奥話記　保元物語　平治物語』小学館
横手市教育委員会　2009『大鳥井山遺跡』

【終章　二兎を追って二兎を得る】
石上英一　1993「古代史科学の提唱」『新版古代の日本10　古代資料研究の方法』角川書店

【主な文献史料と利用の留意点】
青木一夫・稲岡耕二・笹山晴生・白藤禮幸　1989『続日本紀』1～5　岩波書店
阿部　猛・義江明子・槙　道雄・相曽貴志　1995『日本古代史研究辞典』東京堂出版
井上光貞・関　晃・土田直鎮・青木和夫　1976『律令』岩波書店
坂本太郎・家永三郎・井上光貞・大野　晋　1994『日本書紀』(1)～(5)　岩波書店
藤堂明保・竹田　晃・影山輝國　2010『倭国伝』講談社学術文庫
中田祝夫　1975『日本霊異記』小学館
中田祝夫　1978『倭名類聚抄』勉誠社
中西　進　1978～1983『万葉集』1～4　講談社
森田　悌　2006『日本後紀』(上)(中)(下)　講談社
森田　悌　2010『続日本後紀』(上)(下)　講談社

3. 律令国家の行政区画（五畿七道） 201

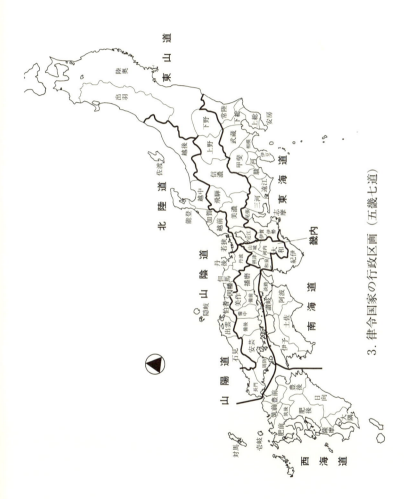

3. 律令国家の行政区画（五畿七道）

付録

4. 関連年表

元号等	年	西暦	出来事	本書との対応
欽明		538	仏教公伝（元興寺縁起など）	
	6	552	仏教公伝（書紀）	
敏達	3	574	蘇我馬子を吉備に派遣。白猪屯倉と田部を増益させる	
	13	584	蘇我馬子、石川の邸宅に仏殿を造る。	
	14	585	蘇我馬子、大野丘の北に塔を造る・蘇我馬子のみに仏教信仰を認める	
用明	2	587	物部守屋、阿都の別業に退く。蘇我、物部戦争勃発・物部守屋ら敗死	
崇峻	元	587	飛鳥寺創建	
	5	592	天皇暗殺・推古天皇豊浦宮で即位	
推古	元	593	四天王寺造営開始	
	2	594	仏教興隆の詔	
	9	601	厩戸王、斑鳩に宮を造営	
	11	603	天皇、小墾田宮に遷る・冠位十二階制定・厩戸王、秦河勝に仏像を与える	
	15	607	遣隋使派遣・国ごとに屯倉を置く	
	16	608	隋使入京	
	18	610	新羅・任那使入京	
	28	620	屋久人二人が伊豆に漂着	
	32	624	寺と僧侶の調査。寺46、僧816、尼569	
舒明	元	629	第1回遣唐使派遣	
	11	639	百済大宮と百済大寺の造営開始	
皇極	元	642	旱に対する雨乞い	
	2	643	上宮王家滅亡	
	4	645	乙巳の変・孝徳天皇に譲位	
大化	元	645	東国に国司派遣・難波遷宮	第1章
	2	646	改新の詔	
白雉	2	651	難波長柄豊碕宮へ遷宮	
	4	653	皇太子ら飛鳥へ移る	
斉明	2	656	岡本宮・両槻宮造営。民の怨嗟	
	4	658	阿倍比羅夫、蝦夷を討つ・有馬皇子事件	
	6	660	百済滅亡の報告が入る	
	7	661	天皇を筑紫へ向けて出航・天皇朝倉橘広庭宮で崩御	
天智	2	663	白村江の戦い	
	3	664	防人と烽を置く。水城造営	
	4	665	大野城ほかを築城・「国・評」を記した最古の木簡（石神遺跡出土）	第2章 第3章
	6	667	近江遷都・高安城ほかを築城	
	7	668	天智天皇即位・近江令制定（藤氏家伝）	
	9	670	庚午年籍。戸籍制度のはじまり。	
天武	元	672	壬申の乱	
	2	673	天武天皇即位	
	6	677	「天皇」号を記した最古の木簡（飛鳥池工房遺跡）	
	7	678	筑紫地震	
	9	680	薬師寺発願	第4章
	10	681	律令制定開始・日本書紀編纂開始か	
	12	683	難波京を置く	

天武	13	684	白鳳南海地震	↓↓
	14	685	天皇が豪族に対し仏教信仰を命じる	
持統	3	689	飛鳥浄御原令	
	8	694	藤原遷都	
大宝	元	701	大宝律令施行	第3章
和銅	3	710	平城遷都	
	6	713	風土記編纂を命じる	
養老	3	719	茨城・常城廃止	第4章
	4	720	日本書紀完成・隼人反乱	
	7	723	三世一身法	
天平	9	737	藤原四子相次いで薨去	
	12	740	藤原広嗣の乱	
	13	741	国分寺・国分尼寺建立の詔	
	15	743	大仏建立の詔。墾田永年私財法	
	17	745	平城還都	
天平勝宝	4	752	大仏開眼供養	
天平宝字	8	764	恵美押勝の乱	
宝亀	5	774	陸奥の蝦夷、桃生城を襲う。三十八年戦争のはじまり	
延暦	3	784	長岡遷都	
	5	786	国郡司らの正倉を焼き官物を損なうことを禁止する	
	10	791	漢神祭祀を禁止	
	13	794	平安遷都	
	15	796	諸国に地図作成を命じる	
	16	797	続日本紀完成	
	24	805	藤原緒嗣と菅野真道による徳政論争。蝦夷戦争・造京の停止	
大同	元	808	富豪之輩の初出・山陽道の駅家の修理命令	
弘仁	6	815	富豪の輩が陸奥・出羽の馬を買うことを禁じる	
	11	820	遠江・駿河の新羅人反乱	
承和	6	839	建礼門前にて唐物を交易させる	
	7	840	日本後紀完成	
貞観	11	869	続日本後紀完成・貞観地震	
元慶	2	878	元慶の乱	第5章
	3	879	日本文徳天皇実録完成	
仁和	元	885	唐商人と王臣家司らが勝手に唐物を競売することを禁じる	
延喜	元	901	日本三代実録完成	
	5	905	延喜式を作らせる	
	15	915	十和田噴火	
承平	5	935	承平・天慶の乱はじまる	
天慶	3	940	将門敗死	
安和	2	969	安和の変。藤原氏による独占的地位の確立。	
天延	2	974	尾張国の百姓の訴えにより国司連貞を罷免(受領の圧政)	
長徳	4	998	大宰府、喜界島に南蛮追討を命じる	
長元	元	1028	平忠常の乱	
永承	6	1051	前九年合戦はじまる	
康平	5	1062	前九年合戦終結・安倍氏滅亡	
永保	3	1083	後三年合戦はじまる	
寛治	元	1087	後三年合戦終結	↓
文治	4	1188	源頼朝、喜界島追討を命じる	

入門 歴史時代の考古学

■著者紹介■

近江　俊秀（おおみ・としひで）

1966年　宮城県生まれ
1988年　奈良大学文学部卒業
奈良県立橿原考古学研究所を経て、現在、文化庁文化財調査官
主要著作物
『道が語る日本古代史』（朝日新聞出版 2012、第1回古代歴史文化賞なら賞受賞）、『平城京の住宅事情』（吉川弘文館 2014）、『日本の古代道路』（KADOKAWA2014）、『古代日本の情報戦略』（朝日新聞出版 2016）ほか。

2018年5月5日発行

著　者	近江俊秀
発行者	山脇由紀子
印　刷	亜細亜印刷㈱
製　本	協栄製本㈱

発行所　東京都千代田区飯田橋
4-4-8 東京中央ビル内　㈱同成社
TEL 03-3239-1467　振替 00140-0-20618

©Ohmi Toshihide 2018. Printed in Japan
ISBN978-4-88621-792-9 C1021